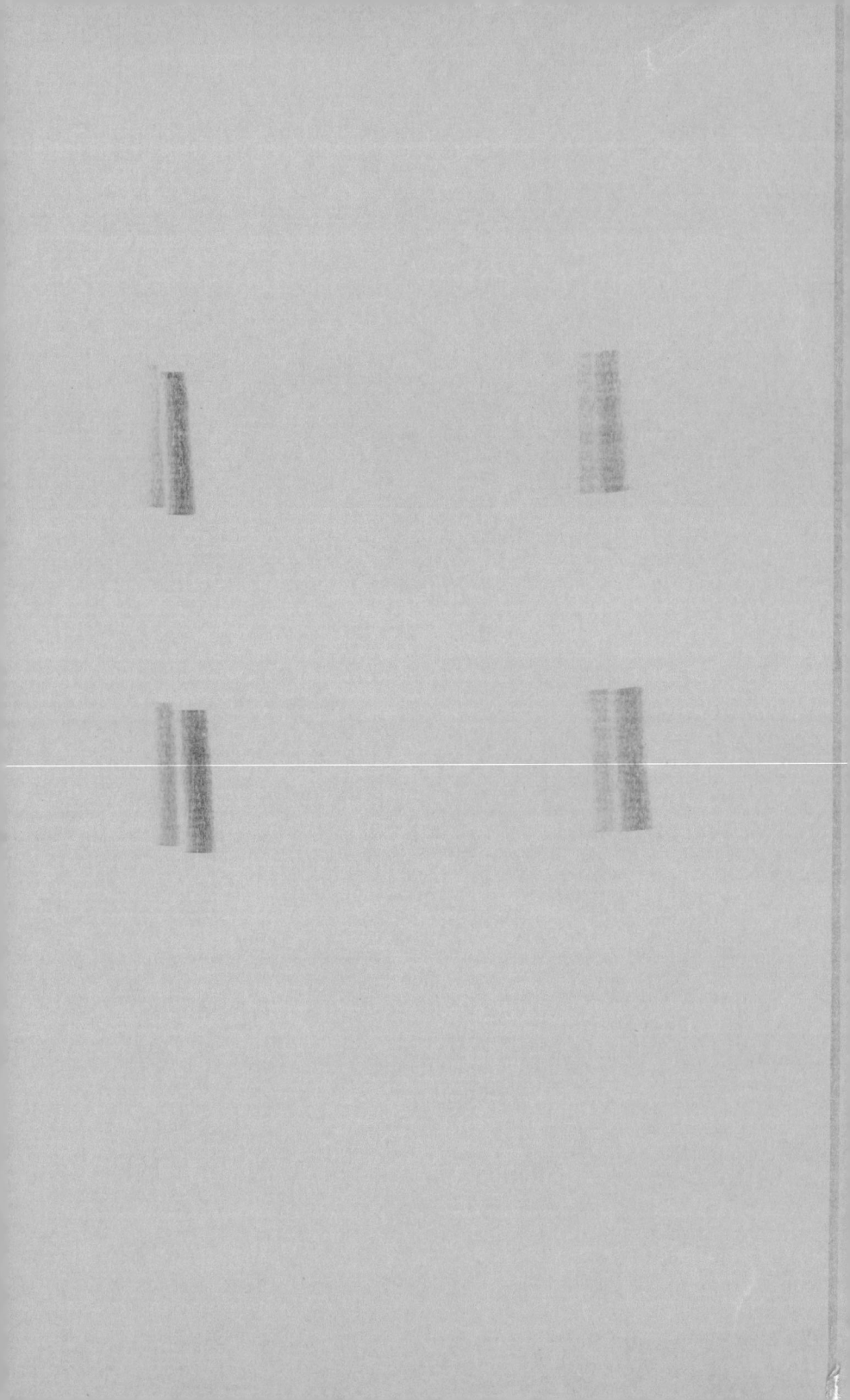

Leonardo Boff
Franziskus aus Rom und Franz von Assisi

Leonardo Boff

Franziskus aus Rom und Franz von Assisi

Ein neuer Frühling für die Kirche

Aus dem Portugiesischen übersetzt
von Bruno Kern

Butzon & Bercker

Bibliografische Information der Deutschen Nationalbibliothek

Die Deutsche Nationalbibliothek verzeichnet diese Publikation in der Deutschen Nationalbibliografie; detaillierte bibliografische Daten sind im Internet über http://dnb.d-nb.de abrufbar.

Das Gesamtprogramm von Butzon & Bercker finden Sie im Internet unter www.bube.de

ISBN 978-3-7666-1837-5
E-Book ISBN 978-3-7666-4228-8
E-Pub ISBN 978-3-7666-4229-5

Originalausgabe: Leonardo Boff, Francisco de Assis e Francisco de Roma. Uma nova primavera na Igreja?, Mardeieideias, Rio de Janeiro 2013
© Animus / Anima S/C Ltda., titular dos direitos autorais da obra de Leonardo Boff
Die deutsche Ausgabe wurde gegenüber dieser Originalausgabe vom Autor erweitert und aktualisiert

© 2014 Butzon & Bercker GmbH, Hoogeweg 100, 47623 Kevelaer, Deutschland, www.bube.de
Alle Rechte vorbehalten.
Umschlagfoto: © REUTERS/Giampiero Sposito
Umschlaggestaltung: Christoph M. Kemkes, Geldern
Satz: Schröder Media GbR, Dernbach
Printed in the European Union

Inhalt

Vorwort 7
Botschaft des heiligen Franziskus an
die Jugendlichen heute 11

   Meine Jugend als Partylöwe 11
   Der Ruf, die Kirche wieder aufzubauen 12
   Die Entdeckung des Evangeliums der Armen 12
   Alle Kreaturen sind unsere Geschwister 13
   In Liebe und Fürsorge der Mutter Erde zugetan 14
   An der Seite der Armen und Unterdrückten 15
   Das Herz verlangt sein Recht 15
   Anders auf unserer Erde leben lernen 17
   Die Veränderung beginnt mit euch 17
   Bewahrt in euch die stets lebendige Flamme 18
   Gott, der souveräne Liebhaber des Lebens,
   steht an unserer Seite 19

Franz von Assisi und Franziskus aus Rom:
Berufen zum Wiederaufbau der Kirche 22

Was den Heiligen und den Papst miteinander
verbindet 27

Papst Franziskus – vom Geist des Franz von Assisi
inspiriert 32

Der Papst, der seine Rechnungen selbst bezahlt 37

Ein Papst, der sein Leitungsamt in Liebe ausübt 41

Franz von Assisi entblößt sich,
um die Nacktheit des Papstes zu bedecken 46

Die Ökologie bei Franz von Assisi und
Franziskus aus Rom 50

Weckt der Papst das ökologische Gewissen?	54
Bricht mit Papst Franziskus endlich das dritte Jahrtausend für die Kirche an?	59
Die „Versuchung" des Franz von Assisi und die „Versuchung" des Franziskus aus Rom	64
Radikal arm sein, um wahrhaft Bruder zu sein	69
Mit Papst Franziskus hielt die Dritte Welt Einzug in den Vatikan	75
Der Papst, die Theologie der Befreiung und die Theologie des Volkes	79
Papst Franziskus: ein engagierter Glaube ohne Furcht	84
Freiheit des Geistes und Vernunft des Herzens	90
Das Erbe Jesu und das Christentum bei Papst Franziskus	94
Papst Franziskus und die Überwindung des Heidentums in der Kirche	98
Was hat Papst Franziskus an Neuem gebracht?	102
Die Brasilienreise des Papstes und was davon bleibt .	106
Ist die römische Kurie reformierbar?	110
Ein Konzil der gesamten Christenheit?	114
Der Papst einer Kirche, die zur spirituellen Heimat wird	118
Anhang	121
Der Sonnengesang des Franz von Assisi	121
Offener Brief an Papst Franziskus – Einberufung einer Versammlung zum Schutz des Lebens	123
Literatur	126

Vorwort

Niemals zuvor in der Geschichte hat ein Papst den Namen Franziskus gewählt. Es gab viele mit dem Namen Leo, Gregor, Benedikt, Pius usw. Doch für die Päpste früherer Zeiten wäre es, denkt man an Franz von Assisi, ein unerträglicher Widerspruch gewesen, sich selbst Franziskus zu nennen. Die Päpste lebten nämlich in Palästen, schmückten sich mit vielen Ehrentiteln, hielten alle religiöse und lange Zeit auch die weltliche Gewalt in Händen, besaßen Ländereien, befehligten Armeen und hatten Schätze und Geldvermögen angehäuft. Sie vereinten in ihrer Person das *Imperium* und das *Sacerdotium*, die weltliche und religiöse Herrschaft.

All das lehnte Franziskus für sich selbst und für seine Nachfolger ab. Alle sollten Brüder sein. Sie nannten sich *Minderbrüder (fratres minores)* und setzten sich damit bewusst von den *maiores*, den Großen, das heißt den Adeligen, den großen Feudalherren und den reichen Händlern ab. Der heilige Franziskus und seine Brüder entschieden sich für ein Leben „am Erdboden" *(in plano subsistere)*, mitten unter den Armen und den von der Gesellschaft Ausgegrenzten wie zum Beispiel den Leprakranken.

Wenn ein Papst, der von der Peripherie der Welt und nicht aus der alten europäischen Christenheit kommt, zur Überraschung aller den Namen Franziskus wählt, dann will er damit allen etwas sagen: Das Signal, das er damit aussendet, lautet: Von nun an soll das Papstamt in ganz neuer Weise ausgeübt werden. Der Papst wird auf Titel und Symbole der Macht verzichten und versuchen, den Nachdruck auf eine Kirche zu legen, die vom Leben und Beispiel des heiligen Franziskus inspiriert ist: in Armut, in Einfachheit, in Demut, in Geschwisterlichkeit mit allen, auch mit den anderen Lebewesen und der Schwester und Mutter Erde selbst.

Das ist ein kühnes Vorhaben, aber es ist höchst notwendig, denn es entspricht am besten dem Erbe Jesu und den Forderungen des Evangeliums. Vor allem aber ist es die angemessene Antwort auf die Herausforderungen einer globalisierten Welt, in der die Kirche in Demut und ohne jemanden auszugrenzen ihren Platz an der Seite anderer Kirchen, Religionen und spiritueller Wege finden muss.

Dieses kleine Buch will zwei außergewöhnliche Gestalten miteinander in Beziehung bringen: Franz von Assisi und Franziskus aus Rom. Man kann jetzt schon sagen, dass die römisch-katholische Kirche nicht mehr dieselbe sein wird wie zuvor. Papst Franziskus versteht sich in erster Linie als Bischof von Rom und erst dann als Papst, der die übrigen Ortskirchen in Liebe leiten will. Mit großer Wahrscheinlichkeit wird er den Anfang einer neuen Reihe von Päpsten bilden, die aus den jungen Kirchen Afrikas, Asiens und Lateinamerika herkommen.

Bis jetzt waren diese jungen Kirchen das Spiegelbild der europäischen Kirchen. Sie werden mit der Zeit zu Kirchen werden, die aus der eigenen Quelle schöpfen, ihren eigenen Lebensstil und ihre eigene Art, den Glauben auszudrücken, finden, die aus dem Dialog und aus der Verwurzelung in den lokalen Kulturen hervorgeht.

Übrigens leben nur 24 % der Katholiken in Europa. Die anderen, das heißt die große Mehrheit, leben in der sogenannten Dritten oder Vierten Welt. Das Christentum ist also heute eine Religion der Dritten Welt, die einst ihren Ursprung in der Ersten Welt hatte. Deshalb ist es nur allzu gerecht, dass ein Papst aus der Mitte dieser großen Mehrheit von Katholiken kommt.

Dank der Gnade des Heiligen Geistes, der die Kirche auf ihrem oftmals leidvollen Weg stets begleitet, kam schließlich ein Papst „vom Ende der Welt", wie er selbst sagte. Allein aufgrund der Wahl seines Namens stellt er eine Hoffnung für die ganze Kirche und auch für die Welt dar.

Am 16. März 2013 gab der neue Papst in der Aula Paul VI. eine Pressekonferenz und erläuterte in aller Schlichtheit die Bedeutung des Namens Franziskus. Er sagte:

„Als die ausreichende Anzahl der Stimmen erreicht war, die mich zum Papst machen sollten, kam der brasilianische Kardinal Claudio Hummes zu mir, küsste mich auf die Wange und sagte: ‚Vergiss die Armen nicht.' Bei der Erwähnung der Armen fiel mir sogleich Franziskus von Assisi ein. Ich dachte an die Armen und an die Kriege. Bereits während der Wahlgänge, deren Stimmenauszählung für mich ‚gefährlich' wurde, kam mir ein Name in den Sinn: Franziskus von Assisi. Franziskus, der Mann der Armut, des Friedens, der die Schöpfung liebte und sich um sie sorgte, ein Mann, der ein Gespür für den Frieden vermittelt, ein Armer. Wie sehr wünschte ich mir eine arme Kirche, eine Kirche für die Armen!"

In diesen Worten steckt das Wesentliche seiner Namenswahl und der Sendung, die er sich zu eigen macht, wenn er den Glauben und die Hoffnung von mehr als einer Milliarde Katholiken nährt und ihnen Einheit verleiht. Durch seine Worte und Gesten zu Beginn seines Pontifikates, nicht zuletzt anlässlich des Weltjugendtages in Brasilien (23.–28. Juli 2013), deutet er tiefgreifende Veränderungen an, die für die katholische Kirche den Eintritt in das dritte Jahrtausend bedeuten könnten. Möge es Gott so gefallen!

Petrópolis, Juli 2013 *Leonardo Boff*

Botschaft des heiligen Franziskus an die Jugendlichen heute

Liebe Jugendliche, meine Brüder und Schwestern!

Auch ich war einst jung wie ihr. Ich war der Sohn des Pedro Bernardone, eines reichen Tuchhändlers. Wie er nahm ich an den berühmten Verkaufsmessen in Südfrankreich und Holland teil. Ich lernte Französisch und lernte auch ein wenig die Welt kennen, besonders die Musik der Spielleute und Minnesänger der Provence.

Meine Jugend als Partylöwe

Mein überaus reicher Vater ermöglichte mir alle Annehmlichkeiten. Ich war der Anführer einer Gruppe von jungen Müßiggängern, die sich auf den Straßen die Nacht um die Ohren schlugen, höfische Liebeslieder sangen und fahrenden Sängern zuhörten, die von Ritterabenteuern erzählten. Wir veranstalteten ausgelassene Feste mit einer Menge Tumult und Lärm. So verbrachten wir einige fröhliche Jahre.

Nach einiger Zeit verspürte ich eine große Leere in mir. All das war gut, aber es füllte mich nicht aus. Um meine Krise zu überwinden, wollte ich Ritter werden und im Kampf gegen die Mauren Heldentaten vollbringen. Doch mitten auf dem Weg dahin hielt ich inne. Ich ging in ein Kloster, um zu beten und Buße zu tun. Doch bald bemerkte ich, dass dies nicht mein Weg war.

Der Ruf, die Kirche wieder aufzubauen

Allmählich jedoch erstarkte in mir eine seltsame Liebe zu den Armen und ein tiefes Mitleid mit den Leprakranken, die isoliert von den Menschen außerhalb der Stadtmauern lebten. Ich besann mich auf Jesus, der ebenfalls arm war und am Kreuz viel leiden musste.

Eines Tages kam ich in die Kirche San Damiano. Lange Zeit verharrte ich dort in Betrachtung des leidenden Antlitzes des gekreuzigten Christus. Plötzlich kam es mir vor, als hörte ich eine Stimme, die vom Christus her kam: „Franziskus, baue meine Kirche wieder auf, die in Trümmern liegt."

Diese Worte drangen mir tief ins Herz. Ich konnte sie nicht vergessen. Mit meinen eigenen Händen begann ich, die kleine, alte und verfallene Kirche Portiunkula wieder aufzubauen. Dann wurde mir bewusst, dass die Stimme, die ich gehört hatte, eine andere Kirche gemeint hatte: Nicht eine aus Stein, sondern die Kirche, die aus Menschen, Prälaten, Äbten, Priestern und nicht zuletzt dem Papst besteht. Sie befand sich in moralischem Verfall. Viel Unsittlichkeit und Machthunger gab es da, es wurden Paläste für die Kardinäle und den Papst und prunkvolle Kirchen gebaut. All das hatte Jesus ganz sicherlich nicht von seinen Nachfolgern gewollt.

Die Entdeckung des Evangeliums der Armen

Um die Kirche wieder aufzubauen, ging ich an die Quelle zurück, um daraus zu schöpfen. Ich wandte mich den Evangelien und der Nachfolge des armen Jesus zu. Niemand regte mich dazu an oder trug es mir auf. Gott selbst aber war es, der mich zu den Leprakranken führte. Und ich wurde von gewaltigem Mitleid für sie ergriffen. Was ich zuvor als bitter empfand, wurde mir nun aufgrund des liebenden Mitleids süß. Ich begann in den Dörfern in einer einfachen Sprache, die alle verstanden, die Worte Christi zu verkündigen. Ich sah es den Leuten an, dass dies genau das war, worauf sie hofften und was sie hören wollten.

Alle Kreaturen sind unsere Geschwister

Auf meinen Wanderungen faszinierte mich die Schönheit der Blumen, der Gesang der Vögel, das Rauschen der Bäche. Ich hob den Regenwurm von der staubigen Straße auf, damit er nicht zertreten wird. Ich begriff, dass wir alle zusammen unseren Ursprung im Herzen unseres gütigen Vaters haben. Deshalb sind wir alle Geschwister: Bruder Feuer und Bruder Wasser, Schwester und Herrin Sonne, Schwester und Mutter Erde, ja sogar der Wolf von Gubbio ist unser Bruder.

Viele alte Kumpanen, die mit mir Feste gefeiert hatten, schlossen sich mir an. Eine sehr liebe, schöne Freundin, Klara von Assisi, riss von zu Hause aus und wollte unser einfaches Leben teilen. Wir initiierten eine Bewegung von Armen. Nichts nahmen wir mit auf den Weg als ein leidenschaftlich glühendes Herz und die Freude des Geistes. Wir arbeiteten auf den Feldern oder bettelten um Almosen. Wir wollten den Spuren des demütigen Christus folgen, der arm und ein Freund der Armen war. Und Papst Innozenz III. selbst zögerte zwar sehr, doch im Jahr 1209 bestätigte er unsere Lebensweise und erlaubte uns, überall das Evangelium Jesu zu verkündigen.

Nach einigen Jahren waren wir bereits so zahlreich, dass ich nicht mehr wusste, wie man so viele Menschen aufnehmen und sie anleiten kann. Den Rest der Geschichte kennt ihr. Ich muss das hier nicht wiederholen.

Später wurde mit Unterstützung des Papstes jener Tage der Orden der Minderbrüder gegründet, der sich bald in verschiedene Zweige ausfächerte und bis heute besteht.

Seht, meine lieben junge Leute, meine Geschwister, ich habe eine Erfahrung gemacht, die ihr als Jugendliche sicherlich auch kennt: Ich war von Freunden umgeben, verstand es zu feiern und unternahm eine Menge verrückter Sachen. Wir haben also etwas gemeinsam.

Ich will mich in eure Zeit hineinversetzen und euch sagen, wozu der Geist Gottes mich nun antreibt.

In Liebe und Fürsorge der Mutter Erde zugetan

Zu allererst bitte ich euch: Liebt die Schwester und Mutter Erde und sorgt für sie. Sie ist krank und von Fieber befallen. Lange Zeit schon haben wir sie über Gebühr ausgeplündert. Um das wiederherzustellen, was wir ihr innerhalb eines Jahres entnehmen, braucht sie anderthalb Jahre. Den Brasilianern hat sie vielleicht ihr wertvollstes Erbe anvertraut: den Amazonas-Regenwald, eine Überfülle an Süßwasser, eine immense Vielfalt lebendiger Arten und große Flächen fruchtbaren Bodens. Bewahrt dieses Erbe für eure Kinder und für die ganze Menschheit.

Wir müssen dringend ein weltweites Bündnis schließen, um uns um die Erde und um einander zu kümmern. Andernfalls kann es zu verheerenden Katastrophen kommen, die die gesamte Gemeinschaft des Lebens betreffen. Wir sind also mit einer großen Gefahr konfrontiert. Doch wenn wir gemeinsam in Solidarität Verantwortung übernehmen und ein Verhalten der Fürsorge für alles, was existiert und lebt, entwickeln, dann können wir diese Tragödie abwenden. Und es wird noch einmal gut für uns ausgehen.

An der Seite der Armen und Unterdrückten

Viele Kinder der Mutter Erde, unsere Geschwister, sind arm und leiden Hunger. Millionen wurden der Armut entrissen und können ein Leben mit einem Minimum an Würde führen. Und dennoch gibt es so viele, die auf der Straße leben, weil sie krank, drogenabhängig, obdachlos sind. Seid wie der gute Samariter, der sich über sie beugte und ihnen half, wieder auf die Beine zu kommen. Der gekreuzigte Jesus lebt fort in den Gekreuzigten dieser Welt. Wir müssen sie vom Kreuz herunterholen und ihre Auferstehung ermöglichen.

Das Herz verlangt sein Recht

Es gibt noch etwas anderes, was mich in der Tiefe meines Herzens bewegt und was ich euch sagen will: Wir müssen unser Denken und unser Herz ändern.

Das Denken müssen wir ändern, um die Wirklichkeit mit anderen Augen zu sehen. Die Wissenschaftler heute zeigen uns auf, dass die Erde lebendig ist und keineswegs ein toter Gegenstand, eine Art Depot für unerschöpfliche Ressourcen, die wir nach Gutdünken benutzen könnten. Diese Ressourcen sind vielmehr begrenzt. So zum Beispiel die fossilen Energiequellen wie Erdöl und Kohle, der fruchtbare Boden und das Saatgut. Wir müssen mit diesen Gütern schonend umgehen, damit sie auch den künftigen Generationen in ausreichendem Maß zur Verfügung stehen.

Die Astronauten, die vom Mond oder ihren Raumschiffen aus die Erde sahen, bezeugen: Erde und Menschheit bilden eine untrennbare Einheit, eine einzige, unteilbare und komplexe Realität. Wir Menschen sind deshalb jener

Teil der Erde, der denkt, liebt und Ehrfurcht empfindet. Wir sind Erde und der Erde entnommen, wie es auf den ersten Seiten der Bibel bereits heißt. Doch wir haben einen besonderen Auftrag erhalten, nämlich für alle Güter der Natur Sorge zu tragen und sie zu bewahren. Wir sind die Bewahrer des Erbes, das uns Gott und das Universum anvertraut hat, damit wir weiterbestehen und unsere Bedürfnisse ebenso wie die unserer Kinder und Enkel befriedigen können.

Doch wir müssen nicht nur unser Denken ändern, sondern auch unser Herz. Das Herz meint hier das tiefe Empfinden, das warmherzige Gefühl und die aufrichtige Liebe. Das Herz ist der Ort, in dem alle Werte ihren Ursprung haben.

Neben der intellektuellen Vernunft, die ihr in der Schule, bei der Arbeit und in eurem täglichen Leben so sehr in Anspruch nehmt, gibt es die empfindsame Vernunft des Herzens. Allein mit der intellektuellen Vernunft werden wir den Schrei der Armen, der Erde, der Regenwälder und der Gewässer nicht vernehmen, wenn sich nicht auch die Vernunft des Herzens einstellt. Ohne die Vernunft des Herzens verspüren wir keine Motivation, zu denen zu gehen, deren Schrei wir vernehmen und die leiden, um ihnen zu Hilfe zu eilen, ihnen die Hand zu reichen und sie zu retten.

Ihr, liebe junge Leute, habt von Natur aus einen Sinn für die großen Träume und für den Flug des Adlers, der sich in die Lüfte emporschwingt. Entwickelt eine Kultur des Herzens, das fühlt, das sich anrühren lässt, das sich nicht schämt, angesichts von so viel Leid vieler Geschwister zu weinen.

Anders auf unserer Erde leben lernen

Doch eine Sache möchte ich euch ans Herz legen: Es kommt darauf an, dass wir eine neue Weise entwickeln, den Planeten Erde zu bewohnen. So wie wir das jetzt tun, können wir nicht weitermachen. Bis jetzt haben wir mit geballter Faust geherrscht und alles unserem Interesse untergeordnet. Wir gaben uns der Illusion eines grenzenlosen Fortschritts hin. Heute sind wir uns dessen bewusst, dass die kleine und begrenzte Erde kein unbegrenztes Projekt aushält. Wir stoßen an ihre Grenzen. Da wir diese Grenzen nach wie vor mit Gewalt ausdehnen wollen, reagiert die Erde mit Wirbelstürmen, Überflutungen, Trockenperioden, Erdbeben und Tsunamis. Wir müssen uns ändern, wenn wir überleben wollen.

Anstatt die Faust zu ballen müssen wir die Hand öffnen in der Achtsamkeit, auf die es so wesentlich ankommt, und um uns die Hände zu reichen und einen Bund auf der Grundlage von Werten und Grundsätzen zu schließen, die das Fundament für eine neue Zivilisation bilden könnten. Diese Zivilisation wird das Leben der Natur, der Menschen und der Erde zum Mittelpunkt haben. Wirtschaft und Politik werden eher im Dienst des Lebens und nicht im Dienst von Markt und Profit stehen.

Die Veränderung beginnt mit euch

Liebe Jugendliche, ihr selbst seid die Veränderung, die wir ständig von den anderen erwarten. Beginnt selbst damit, das Neue zu leben, jedes Lebewesen der Natur, jede Pflanze, jedes Tier und jede Landschaft zu lieben, denn sie alle besitzen einen Wert in sich selbst, unabhängig vom Gebrauch zu unserem Nutzen. Es sind unsere Brüder und Schwestern. Entwickeln wir mit ihnen ein Zusammenleben in Respekt, in Gegenseitigkeit und gegenseitiger Hilfe, damit alle auf diesem Planeten weiter leben können – auch die Verwundbarsten unter ihnen, denen wir umso größere Fürsorge und Liebe zuteil werden lassen.

Liebe junge Brüder und Schwestern, leistet Widerstand gegen eine Kultur der Anhäufung von Reichtümern und des Konsumismus. Denkt an die anderen eurer Geschwister, die hungrig und durstig den Tag verbringen, hungrig und durstig zu Bett gehen und großes Leid durchmachen. Es sind Abermillionen. Es soll keinen Tag geben, an dem ihr nicht an die Armen, an ihr dramatisches Schicksal, vor allem an die unschuldigen Kinder unter ihnen, denkt und euch darum sorgt.

Gestaltet euren Konsum solidarisch. Verwirklicht die drei berühmten „W". Weniger verbrauchen, Wiederverwenden, Wiederverwerten. Und ich möchte noch ein weiteres „W" hinzufügen: Wiederaufforsten. Pflanzt Bäume, stellt entwaldete Gebiete in ihrem ursprünglichen Zustand wieder her. Die Bäume vermindern die Treibhausgase, spenden uns Schatten, geben uns Blüten und Früchte. Öffnet euch der Erfahrung, dass weniger mehr sein kann und dass das Glück nicht in Reichtum und einer darauf ausgerichteten Berufskarriere liegt, sondern im Miteinander-Teilen und darin, alle Menschen menschlich zu behandeln.

Bewahrt in euch die stets lebendige Flamme

Und schließlich, liebe junge Leute, meine Geschwister: Nichts von dem, was uns in Gedanken beschäftigt, wird Wirkung zeigen, wenn wir in unsere Unternehmungen nicht Gott mit einbeziehen. Er ist nicht irgendwo, er ist vielmehr in allen Dingen. Doch vor allem ist er in euren Herzen. In jedem von euch ist eine lebendige Glut und brennt eine heilige Flamme: die geheimnisvolle, liebende Gegenwart Gottes. Sie wird spürbar in der Begeisterung, die so typisch für euer Alter ist. Begeisterung wird auch mit Enthusiasmus übersetzt. Die wörtliche Bedeutung von Enthusiasmus ist: das Göttliche, Gott in sich haben. Es ist der innere Gott, der Gefährte und Freund, der Gott der bedingungslosen Liebe.

Unsere materialistische und konsumistische Kultur hat diese heilige Flamme mit Asche zugedeckt und droht sie zu ersticken. Entfernt diese Asche, indem ihr euer Herz diesem Gott öffnet. Nehmt euch jeden Tag Zeit, um an ihn zu denken, Zwiesprache mit ihm zu halten, vor ihm zu klagen und zu weinen, eine Bitte an ihn zu richten. Und dann sagt wiederum nichts. Begebt euch nur still in seine Gegenwart. Er kann zu euch sprechen, gute Empfindungen in euch wecken und euch erhellende Einsichten schenken. Lasst niemals von Gott ab, denn er verlässt euch nicht und wird dies niemals tun. Lebt als solche, die sich in seiner Hand geborgen wissen. Und dann werdet ihr unter seinem Schutz stehen, denn er ist der Gute Hirte, der euch auf grüne Weiden führt, damit es euch an nichts fehlt. Er ist Vater und Mutter von unendlicher Zärtlichkeit.

Gott, der souveräne Liebhaber des Lebens, steht an unserer Seite

Indem der Sohn Gottes in Jesus unser Menschsein angenommen hat, hat er auch einen Teil der Erde und der Elemente des Universums angenommen. Sie sind deshalb bereits von Gott durchdrungen und in sein ewiges Sein einbezogen. Nie wieder sind sie Bedrohungen ausgesetzt. Wir hingegen sind dies. Es trösten uns die Worte der Bibel, wo es heißt, dass Gott „der souveräne Liebhaber des Lebens" ist (Buch der Weisheit, 11,24). Er bleibt für immer das, was er einmal geschaffen hat. Er vergisst keines seiner Geschöpfe, das aus seinem Herzen hervorging. Deshalb vertrauen wir alle darauf, dass er unsere geliebte Mutter Erde beschützen und die Zukunft des Lebens und von euch allen garantieren wird.

Vertut eure Zeit nicht, denn die Zeit drängt. Diesmal dürfen wir nicht säumen oder einen Irrtum begehen, denn wir laufen Gefahr, dass es kein Zurück mehr und keine Möglichkeiten mehr gibt, die Fehler zu korrigieren. Doch verliert eure Begeisterung und die Freude des Herzens nicht. Das Leben trägt stets den Sieg davon, denn Gott ist lebendig und hat uns seinen Sohn gesandt, der sagte, er sei gekommen, um das Leben, und zwar das Leben in Fülle zu bringen.

Das ist es, was ich euch aus meinem tiefsten Herzen sagen wollte.

Zum Schluss möchte ich eine besondere Bitte an euch richten: Betet für den Papst, der meinen Namen trägt, helft ihm, arbeitet mit ihm zusammen. Er wird die Kirche von heute wiederherstellen, so wie ich es zu meiner Zeit versucht habe. Ohne eure Hilfe wird er sich schwach fühlen und große Schwierigkeiten haben. Doch mit eurer Begeisterung und mit eurer Unterstützung in euren verschiedenen Gruppen und Bewegungen wird er die Aufgabe erfüllen, die ihm Jesus anvertraut hat: unserer Kirche ein glaubwürdiges Aussehen zu geben und alle im Glauben und in der Hoffnung zu stärken. Mit euch zusammen wird er genügend Kraft haben, und es wird ihm gelingen.

Bevor ich mich nun von euch verabschiede, gebe ich euch den Segen, den ich seinerzeit meinem engen Freund, dem Bruder Leo – ich nannte ihn Schaf Gottes – gegeben habe:

Der Herr segne euch und behüte euch.
Er zeige euch sein Angesicht und erbarme sich eurer.
Er wende euch sein Antlitz zu und schenke euch Frieden.

Pax et Bonum
Franziskus

Poverello und euer kleiner Bruder aus Assisi

Franz von Assisi und Franziskus aus Rom: Berufen zum Wiederaufbau der Kirche

Dass der argentinische Kardinal Jorge Mario Bergoglio, als er zum Papst gewählt wurde, den Namen Franziskus annahm, hat eine tiefe Bedeutung. Denn so wie Franz von Assisi zu seiner Zeit hat auch Papst Franziskus die Aufgabe, die Kirche Christi wiederherzustellen.

Der heilige Franziskus verspürte den Ruf, den Sinn von Kirche, wie er aus den Evangelien hervorgeht, wieder freizulegen. Er war inmitten imperialer Macht der Päpste, des Prunks der Paläste für Kardinäle und Bischöfe und des allgemeinen Sittenverfalls fast verloren gegangen.

Die Bekehrung des Franziskus begann damit, dass er in der Kapelle San Damiano auf die Stimme des Gekreuzigten hörte, die ihm sagte: „Franziskus, baue mein Haus wieder auf. Sieh, es liegt in Trümmern."

Er fasste das im wörtlichen Sinne auf und machte sich daran, die kleine Kirche Portiunkula wieder aufzubauen, die tatsächlich in Trümmern lag. Diese kleine Kirche gibt es immer noch. Man findet sie heute in Assisi im Inneren einer riesigen Kathedrale. Erst danach begriff Franziskus, dass es um eine geistliche Aufgabe ging, nämlich die Kirche wiederherzustellen, die „Christus mit seinem Blut erlöst hatte". Nun initiierte er eine Bewegung der Erneuerung jener Kirche, die zu seiner Zeit vom mächtigsten Papst der Geschichte überhaupt, von Innozenz III., geleitet wurde.

Zunächst lebte er mit den Leprakranken, und zusammen mit einem von ihnen zog er los, um das Evangelium der Einfachheit in einer volkstümlichen Sprache, und nicht auf Lateinisch, zu predigen.

Es ist gut zu wissen, dass Franziskus niemals Priester wurde, sondern lediglich Laie blieb. Erst gegen Ende seines Lebens, als die Päpste den Laien das Predigen verboten, ließ er sich zum Diakon weihen, und zwar unter der Bedingung, dass er keine Vergütung für dieses Amt bekäme.

Warum wählte Kardinal Bergoglio den Namen Franziskus? Genau aus demselben Grund, der aus dem jungen, neu bekehrten Franziskus von Assisi den Initiator einer Erneuerungsbewegung der mittelalterlichen Kirche werden ließ.

Auch Papst Franziskus war sich, wie so viele andere, dessen bewusst, dass die heutige Kirche in Trümmern liegt, weil sie von etlichen Sitten- und Finanzskandalen erschüttert ist. Priester, Bischöfe und sogar Kardinäle sind darin verwickelt und haben das Wertvollste der Kirche aufs Spiel gesetzt: die moralische Überzeugungskraft und die Glaubwürdigkeit.

Franziskus ist nicht einfach ein Name. Es ist ein Programm für eine arme, einfache, am Evangelium orientierte und von jeglichem Machtapparat befreite Kirche. Franziskus von Assisi hat eine Kirche entstehen lassen, die sich zusammen mit den Geringsten auf den Weg machte. Er schuf die ersten Gemeinschaften von Brüdern, die im Schatten von Bäumen ihr Brevier beteten und damit in den Gesang der Vögel einstimmten. Es war eine ökologische Kirche, die alle Lebewesen mit dem zärtlichen Wort „Brüder und Schwestern" anredete.

Dies ist das Modell von Kirche, das auch Franziskus aus Rom inspiriert: eine „arme Kirche für die Armen", wie er so schön sagte, eine Kirche, die dem Erbe Jesu treu bleiben will. Die Hirten müssen „den Geruch der Schafe" an sich tragen, wie er es humorvoll in einer Ansprache an die Priester Roms ausdrückte. Das heißt, sie bewegen sich mitten im Volk.

Er selbst als Papst weiß dies und hat es klar zum Ausdruck gebracht. Ja, er muss Orientierung geben, aber er muss sich auch mitten ins Volk begeben, dessen Weg teilen, auf es hören, seine Weisheit aufnehmen und sich als ein Teil des Volkes Gottes empfinden.

Franziskus von Assisi war der Kirche der Päpste gegenüber stets gehorsam, doch zugleich ging er seinen eigenen Weg und trug dabei das Evangelium der Armen in seinen Händen und in seinem Herzen. Joseph Ratzinger, der später Papst Benedikt XVI. werden sollte, schrieb im Jahr 1970 noch als Theologe: „Das *Nein* des Franziskus zu jener Art von mächtigen und reichen Kirche hätte nicht radikaler sein können; wir könnten dies prophetischen Protest nennen." Er kritisiert den herrschenden Stil nicht mit Worten. Er handelt einfach und führt einen neuen Stil ein.

Ich glaube, dass dem Papst Franziskus eine solche Kirche vorschwebt: außerhalb der Paläste und ohne die Symbole der Macht. Deshalb wohnt er nicht mehr wie seine Vorgänger im Palast des Vatikans, sondern im Gästehaus Santa Marta. Und er nimmt an den Mahlzeiten derer teil, die dort gerade zu Gast sind. Bei seinem ersten öffentlichen Auftreten nach seiner Wahl legte er einen neuen Stil an den Tag. Normalerweise tragen die Päpste die *Mozetta* über ihren Schultern, das heißt einen Umhang voller Brokat und Gold, wie ihn früher nur die Kaiser benutzen durften. Papst Franziskus kam einfach weiß gekleidet und mit dem Blechkreuz, das er auch in Buenos Aires als Bischof und Kardinal getragen hatte.

Aus seiner ersten Ansprache sind drei Punkte von großer symbolischer Bedeutung hervorzuheben:

Zunächst sprach er von „Leiten in Liebe". Dies wurde seit der Reformation und von den besten Theologen der Ökumene eingeklagt. Der Papst darf nicht wie ein absolutistischer Monarch und ausgestattet mit heiliger Gewalt regieren, wie es das Kirchenrecht vorsieht (Kanon 331). Wenn man sich an Jesus orientiert, dann muss er sein Leitungsamt in Liebe ausüben und den Glauben der Brüder und Schwestern stärken.

Zweitens: Er rückte den Begriff „Volk Gottes" in den Mittelpunkt. Das Zweite Vatikanische Konzil hatte dieser Bezeichnung so viel Nachdruck verliehen, doch unter den beiden Päpsten vor Franziskus wurde dieses Wort in seiner Bedeutung abgeschwächt zugunsten einer hierarchischen, klerikalen Kirche. Papst Franziskus bat demütig darum, dass das Volk Gottes für ihn beten und ihn segnen möge. Erst danach spendete er seinerseits dem Volk seinen Segen. Das bedeutet: Er ist da, um zu dienen, und nicht, um bedient zu werden. Er bittet darum, dass die Menschen ihm helfen, gemeinsam einen Weg zu verwirklichen. Und er ruft die ganze Menschheit dort zur Geschwisterlichkeit auf, wo man einander nicht als Bruder und Schwester anerkennt, sondern wo die Menschen dazu verdammt sind, von der neoliberalen Wirtschaft in Geiselhaft genommen zu sein, die so viele „überflüssig" und arbeitslos werden lässt.

Schließlich vermied er alles, was die Gestalt des Papstes spektakulär erscheinen lassen könnte. Er hob nicht die Arme empor, um das Volk zu begrüßen. Er stand aufrecht und bewegungslos da, ernsthaft und nüchtern, ja man könnte sagen, fast erschrocken. Man sah bloß die weiße Gestalt, die zärtlich auf die Menge blickte. Doch er strahlte Frieden und Vertrauen aus. Er sprach humorvoll und enthielt sich aller offizieller rhetorischer Floskeln. Er sprach als Hirte zu seinen Gläubigen. Zum Schluss wünschte er allen: „Gute Nacht, schlaft gut."

Zuletzt muss noch betont werden, dass Franziskus ein Papst ist, der aus dem globalen Süden kommt, wo die Armen der Erde und zugleich 60 % der Katholiken leben. Mit seiner Erfahrung als Hirte und mit einer neuen Sicht der Dinge von unten her wird er die Kurie reformieren, die Verwaltung dezentralisieren und der Kirche ein anderes, glaubwürdiges Antlitz verleihen können.

Dies ist die große Hoffnung all derer, die den Weg der Kirche in der Welt mitgehen. Und wir werden in dieser Hoffnung bestimmt nicht getäuscht werden, denn er hat Franz von Assisi zum Schutzpatron und als inspirierendes Vorbild. Und mit der Gestalt des heiligen Franziskus sind keine geringen moralischen und spirituellen Herausforderungen verbunden.

Was den Heiligen und den Papst miteinander verbindet

Da der Bischof von Rom – und damit der Papst – nach seiner Wahl den Namen Franziskus angenommen hat, legt es sich zwangsläufig nahe, dass man Franz von Assisi und Franziskus aus Rom miteinander vergleicht. Der Papst hat sich überdies ausdrücklich auf Franz von Assisi bezogen. Es geht selbstverständlich nicht darum, die beiden einfach zu vergleichen, sondern herauszufinden, welche Inspirationen sie verbinden, die der Kirche ein neues Antlitz im Geist des einfachen, demütigen und armen heiligen Franziskus geben können.

Eine Gemeinsamkeit ist nicht von der Hand zu weisen: die Krise der Institution Kirche. Der junge Franziskus sagt, er habe eine Stimme vernommen, die vom Gekreuzigten in der Kirche San Damiano herkam und ihm sagte: „Franziskus, baue meine Kirche wieder auf, denn sie liegt in Trümmern." Giotto hat dies gut dargestellt: Er zeigt Franziskus, wie er das schwere Gebäude der Kirche, das einzustürzen droht, mit seinen Schultern stützt.

Auch wir machen gerade aufgrund interner Skandale der Institution Kirche eine schwere Krise durch. Man vernimmt den allgemeinen Schrei (und die Stimme des Volkes ist schließlich die Stimme Gottes): „Richtet die Kirche wieder auf, denn ihre Moral und Glaubwürdigkeit liegen darnieder." Und so vertraute sich diese Kirche einem Kardinal an, der „vom Ende der Welt herkommt", wie er selbst sagte, Jorge Mario Bergoglio aus Buenos Aires, dessen Auftrag als Papst darin besteht, inspiriert vom heiligen Franziskus die Kirche wiederaufzubauen.

Zur Zeit des heiligen Franziskus war Innozenz III. (1198–1216) an der Macht, der sich selbst als „Stellvertreter Christi" bezeichnete. Mit ihm erreichte die Verweltlichung der Kirche ihren Höhepunkt. Ausdrücklich wurde das Streben nach der Weltherrschaft, nach dem *dominium mundi*, formuliert. Tatsächlich war eine Zeitlang praktisch ganz Europa bis nach Russland dem Papst unterworfen. Man lebte in größtem Prunk und größter Pracht. Im Jahr 1209 hat Innozenz III. nach vielen Zweifeln den Weg der Armut des Franziskus von Assisi bestätigt. Die Krise war theologischer Natur: Eine Kirche, die mit weltlicher und sakraler Herrschaftsgewalt ausgestattet ist, liegt nicht auf der Linie dessen, was Jesus wollte, nämlich Macht als Dienst, und dass die Letzten die Ersten seien.

Franziskus bildete den lebendigen Gegensatz zur imperialen Kirche. Dem Evangelium der Macht hielt er die Macht des Evangeliums entgegen, das er ganz wörtlich las und auffasste. Angesichts des Reichtums der Päpste, Bischöfe und Äbte zeigte er die Alternative der totalen Entäußerung in radikaler Armut und äußerster Schlichtheit auf. Von denen, die befehlen und sich über die anderen erheben, forderte er die Demut der Machtlosen, die sich ganz unten, am Erdboden des Lebens befinden. Er fügte sich nicht in den Kleriker- oder Mönchsstand ein, sondern als Laie, der nur über drei Jahre Schulbildung mit Unterbrechungen verfügte und schlecht Latein schrieb, orientierte er sich am lebendigen Evangelium ohne ausgeklügelte Deutungskünste und begab sich an den Rand der Städte, wo die Armen und Leprakranken waren, und in die Natur, wo er eine kosmische Geschwisterlichkeit mit allen Lebewesen verwirklichte.

Vom Rand aus sprach er zum Zentrum und forderte Bekehrung. Anstatt ausdrücklich Kritik zu üben, setzte er eine Reform von unten in Gang, ohne dabei jedoch mit Rom zu brechen. Wir haben es mit einem Genie des Christentums von verführerischer Menschlichkeit, faszinierender Zärtlichkeit und Achtsamkeit zu tun, an dem wir das Beste unseres Menschseins entdecken können.

Ich vermute, dass diese Vorgehensweise Papst Franziskus inspiriert hat. Es geht darum, die Kurie und das klerikale Gehabe insgesamt in der Kirche zu reformieren. Doch hierfür muss man keinen Bruch herbeiführen, der den Leib der Christenheit zerreißen würde.

Eine andere Sache, die Franziskus aus Rom mit Sicherheit inspirierte, ist der zentrale Stellenwert, den Franziskus den Armen eingeräumt hat. Er hat kein Werk *für* die Armen organisiert, sondern vielmehr *mit* ihnen und *wie* sie gelebt. Seit ich Franziskus aus Rom kenne, habe ich ihn immer wieder sagen hören: Das Problem der Armen kann nicht ohne die Teilnahme der Armen selbst gelöst werden, es wird nicht durch Menschenfreundlichkeit beseitigt, sondern durch soziale Gerechtigkeit. Die soziale Gerechtigkeit verringert die Ungleichheiten in Lateinamerika und insgesamt in der Welt.

Eine dritte Inspiration ist heute von überaus aktueller Bedeutung: Wie verhalten wir uns gegenüber Mutter Erde und gegenüber ihren knappen Gütern und ihrer begrenzten Tragfähigkeit? In seiner Ansprache zur Amtseinführung verwendete der Papst achtmal das Wort Achtsamkeit bzw. Fürsorge. Die Ethik der Achtsamkeit ist es, die das Leben der Menschen retten und die Lebensfähigkeit der Ökosysteme aufrechterhalten wird. Franz von Assisi, der Patron des Umweltschutzes, sollte zum Paradigma einer respektvollen und geschwisterlichen Beziehung zu allen Seinsformen werden, in der der Mensch nicht mehr über anderen Arten steht, sondern sich erniedrigt und zu ihnen herabbeugt – insbesondere zu denen, die am meisten von der Auslöschung bedroht sind.

Franz von Assisi pflegte zu Klara eine Beziehung, die von tiefer Freundschaft und wahrhaftiger Liebe geprägt war. Er schätzte die Frau sehr hoch, und die Tugenden pries er, indem er sie „Damen" nannte. Hoffentlich weckt er in Franziskus aus Rom gegenüber den Frauen, die ja die Mehrheit der Kirche bilden, nicht nur eine Haltung des Respekts, sondern der Wertschätzung ihrer führenden Rolle, wenn es darum geht, Entscheidungen über den Weg des Glaubens und der Spiritualität im neuen Jahrtausend zu treffen. Viele sind der Meinung, dass das 21. Jahrhundert das Jahrhundert der Frau sein wird. Das Leben selbst ist bedroht. Diejenigen, die das Leben zur Welt bringen, wissen am besten, wie man sich in Fürsorge und Achtsamkeit um alle Lebensformen und – wie Franz von Assisi sagte – die Schwester und Mutter Erde selbst kümmert. Diese Erde ist lebendig, sie ist die Pacha Mama und Gaia, sie ist die Große Mutter, die uns großzügig all das bereitstellt, was wir zum Leben brauchen. Papst Franziskus wird die Frauen und uns alle in dieser uns anvertrauten Aufgabe stärken müssen.

Schließlich ist Franziskus, glaubt man dem Philosophen Max Scheler, der Prototyp der Vernunft des Herzens, der emotionalen Vernunft, im Abendland. Er schreibt: „Nie wieder in der Geschichte des Abendlandes ist eine Gestalt der sympathetischen Gemütsmächte wieder erreicht worden, wie sie im hl. Franziskus bestand. Nie wieder auch die Einheit und Geschlossenheit ihrer gleichzeitigen Betätigung in Religion, Erotik, sozialem Wirken, Kunst, Erkenntnis." (Scheler 1973, 103) Diese Vernunft des Herzens ist es, die uns empfänglich und empfindsam werden lässt für die Leidenden und für den Schrei der Erde, der gequälten Tiere, der zerstörten Pflanzen und aller, die um Schutz flehen, damit sie überleben können.

Wenn Papst Benedikt XVI. als ein hervorragender Theologe die intellektuelle Vernunft betonte, dann steht Papst Franziskus für die Vernunft des Herzens, die dem Volk in Liebe zugewandt ist, die Menschen umarmt, die Kinder liebkost und liebevoll auf die Menschenmenge schaut.

Wenn sich die moderne Vernunft nicht von der Empfindsamkeit des Herzens durchdringen lässt, dann werden wir kaum dazu bewegt, uns um unser Gemeinsames Haus, den Planeten Erde, zu kümmern, den verlorenen Söhnen und Töchtern nachzugehen und die gut franziskanische Überzeugung in uns reifen zu lassen, dass alle Seinsformen und Lebewesen ein Band der Geschwisterlichkeit verknüpft. Wenn wir in zärtlicher Zuneigung die Welt in die Arme schließen, dann werden wir Gott umfangen.

Papst Franziskus – vom Geist des Franz von Assisi inspiriert

Die Tatsache, dass der neue Papst den Namen Franziskus wählte, hat bei vielen von Neuem das Interesse an dieser einzigartigen Gestalt – vielleicht dem Menschen mit der größten Strahlkraft, den das Christentum und das Abendland insgesamt jemals hervorgebracht hat – geweckt. Manche nennen ihn den letzten Christen, oder auch den ersten Christen nach dem einzigen, nämlich Jesus Christus selbst.

Was wir mit Sicherheit sagen können: Als Kardinal Bergoglio den Namen Franziskus wählte, wollte er damit auf ein Programm für die Kirche im Geist des heiligen Franziskus verweisen. Das Bild von der Kirche, das Franziskus hatte, war das genaue Gegenteil dessen, was die Kirche seiner Zeit verwirklichte. Sie entfaltete ihre weltliche Macht über fast ganz Europa bis nach Russland hin, sie baute riesige Kathedralen, prunkvolle Paläste und eindrucksvolle Abteien. Der heilige Franziskus traf für sich die Entscheidung, das Evangelium in seiner reinen Gestalt zu leben, und zwar buchstäblich: in radikalster Armut, in fast schon naiver Einfachheit, in einer Demut, die ihn auf den Erdboden herabholte, auf das Niveau derer, die von der Gesellschaft am meisten verachtet wurden: Er lebte bei den Leprakranken und aß mit ihnen zusammen aus demselben Napf.

Niemals hat er am Papst oder Rom Kritik geübt. Er ist einfach deren Beispiel nicht gefolgt. Im Hinblick auf diese

Art von Kirche und Gesellschaft hat er ausdrücklich festgestellt: „Ich will ein ‚novellus pazzus', ein neuer Narr, sein." Ein Narr um des armen Christus willen und um der „Herrin Armut" willen, einer Armut, die ihm vollkommene Freiheit verlieh: Nichts sein, nichts haben, nichts vermögen, nichts darstellen. Er machte sich den Satz zu eigen: „Ich begehre wenig, und das Wenige, das ich begehre, ist gering." In Wahrheit war es nichts. Er legte jede Art von Titel ab. Er betrachtete sich als „einfältig, schäbig, elend und gering". Dieser spirituelle Weg war nur schwer durchzuhalten, denn je mehr Gefährten herbeiströmten, umso mehr widersetzten sie sich ihm und wollten Klöster bauen, Regeln etablieren und Studien betreiben. Franziskus leistete dagegen Widerstand, so gut er konnte, aber schließlich musste er der Mittelmäßigkeit nachgeben und sich der Logik der Institutionen fügen, die Regeln, eine Ordnung und Machtstrukturen brauchen. Doch er ließ von seinem Traum nicht ab. Enttäuscht kehrte er zu den Aussätzigen zurück, um ihnen zu dienen, und ließ es zu, dass seine Bewegung gegen seinen Willen zum Orden der Minderbrüder wurde.

Die grenzenlose Demut und die radikale Armut ließen ihn eine Erfahrung machen, die uns unmittelbar zu unseren eigenen Fragen führt: Ist es möglich, Achtsamkeit, Fürsorge und Respekt gegenüber der Natur wiederzuerlangen? Kann es eine Geschwisterlichkeit in einem so umfassenden Sinn geben, dass sie alle einschließt, wie es bei Franziskus der Fall war: den Sultan Ägyptens, dem er auf dem Kreuzzug begegnete, die Räuberbande, den reißenden Wolf von Gubbio, ja sogar den Tod?

Franziskus von Assisi hat gezeigt, dass dies möglich ist, und er hat dies in Einfachheit und mit Leidenschaft praktisch gelebt. Weil er nichts besaß, hatte er eine direkte Beziehung zu allen Geschöpfen – eine Beziehung des Zusammenlebens und nicht des Habens und Besitzens. Weil er in radikaler Weise demütig war, ließ er sich auf den Erdboden nieder (das lateinische Wort *humilitas*, Demut, kommt von *humus*, Erdboden) und setzte sich zu Füßen einer jeden Kreatur, die er als Bruder und Schwester betrachtete. Er empfand sich als Bruder des Wassers, des Feuers, der Lerche, der Wolke, der Sonne und eines jeden Menschen, dem er begegnete. Er initiierte eine Geschwisterlichkeit ohne Grenzen: Nach unten hin pflegte er eine Geschwisterlichkeit mit den Geringsten, um ihn herum mit Seinesgleichen, ganz egal, ob es sich um den Papst oder um leibeigene Bauern handelte, und nach oben hin mit der Sonne, dem Mond, den Sternen. Sie alle sind Brüder und Schwestern, Kinder ein und desselben Vaters voller Güte.

So praktizierte Armut und Demut hat nichts mit Bigotterie zu tun. Eine solche Praxis hat vielmehr eine Voraussetzung: grenzenlose Hochachtung vor jeglichem Sein. Voller Ehrfurcht hob er den Regenwurm vom Weg auf, damit er nicht zertreten werde, verarztete er ein verletztes Huhn, damit es wiederhergestellt werde, gab er im Winter den Bienen Nahrung, die ziellos umherschwirrten. Er reihte sich in tiefer Demut mitten unter die anderen Geschöpfe ein und empfand sich als deren Bruder.

Er knüpfte Bande der Geschwisterlichkeit mit „Schwester und Mutter Erde". Er verleugnete den Staub nicht, aus dem wir gemacht sind, und auch nicht die verborgenen Wurzeln, von denen her wir alle leben. Indem er auf jeglichen Besitz verzichtete und alles von sich wies, was ihn über andere Menschen oder über Dinge setzen hätte können, um sie sich zu eigen zu machen, wurde er zum universalen Bruder. Er ging auf die anderen mit leeren Händen und reinem Herzen zu. Was er ihnen anzubieten hatte, war lediglich höfliche Rücksichtnahme, Freundschaft, uneigennützige Liebe voller Vertrauen und Zärtlichkeit.

Universale Geschwisterlichkeit stellt sich dann ein, wenn wir uns in großer Demut in den Schoß der Schöpfung selbst begeben und allen Lebewesen und jeder einzelnen Seinsform Hochachtung entgegenbringen. Diese kosmische Geschwisterlichkeit, die ihre Grundlage im grenzenlosen Respekt hat, ist die unabdingbare Voraussetzung für Geschwisterlichkeit unter den Menschen. Ohne diesen Respekt und diese geschwisterliche Verbundenheit könnte die Erklärung der Menschenrechte kaum praktische Wirksamkeit entfalten. Es würde ständig Menschenrechtsverletzungen aus ethnischen Gründen, aus Gründen des Geschlechts, der Religion usw. geben.

Diese von Franziskus ernsthaft eingeübte Haltung der kosmischen Geschwisterlichkeit kann uns in unserer Sorge um die Erhaltung unserer Lebensgrundlagen und einer jeden Art, eines jeden Tieres, einer jeden Pflanze ermutigen, denn es geht um unsere Brüder und Schwestern. Ohne echte Geschwisterlichkeit werden wir nie dazu gelangen, eine Menschheitsfamilie zu bilden, die in Respekt und Achtsamkeit den Planeten, „Schwester und Mutter Erde", bewohnt.

Diese Geschwisterlichkeit erfordert unermüdliche Geduld, doch sie birgt auch eine große Verheißung in sich: Sie lässt sich in die Tat umsetzen. Wir sind keineswegs dazu verdammt, die wilde Bestie in uns freizulassen, die in den verbrecherischen Präsidenten Videla in Argentinien sowie Pinochet in Chile, im Folterknecht Fleury in Brasilien und in anderen Mördern auf der ganzen Welt Gestalt annahm.

Hoffentlich macht Papst Franziskus aus Rom in der Art, wie er sein Hirtenamt für die Ortskirche und für die Weltkirche ausübt, dem Namen Franziskus alle Ehre und zeigt, wie aktuell das ist, was der *Fratello* und *Poverello* aus Assisi gelebt hat. Er ist eine lebendige Quelle der Inspiration, der humanitären und zutiefst ökologischen Praxis. Darin besteht die dringende Herausforderung unserer Zeit, die der Papst aufgreifen, die er in Einfachheit und in angemessener Weise annehmen sollte.

Der Papst, der seine Rechnungen selbst bezahlt

Was die Menschen überzeugt, sind nicht die Predigten, sondern das konkrete Handeln. Die Ideen können Einsicht vermitteln, doch die praktischen Beispiele sind es, die uns dazu bringen, dass wir uns selbst auf den Weg machen. Sie werden recht bald von allen begriffen. Die vielen Erklärungen stiften mehr Verwirrung als Klarheit. Das praktische Tun spricht für sich selbst.

Typisch für den neuen Papst Franziskus, der „vom Ende der Welt" kommt – das heißt von außerhalb der Koordinaten der alten europäischen Christenheit, die so sehr mit Traditionen, Palästen, fürstlichem Spektakel und internen Machtquerelen überfrachtet ist – sind einfache, populäre Gesten, die jedem, der über einen gesunden Hausverstand verfügt, unmittelbar eingängig sind. Er bricht jedes Protokoll und zeigt damit, dass die Macht stets eine Maskerade und ein Theater ist, wie dies vom Soziologen Peter L. Berger gut beschrieben wird, auch wenn es sich um eine Macht handelt, die angeblich von Gott selbst her stammt.

Papst Franziskus orientiert sich einfach am Auftrag Jesu, der ausdrücklich sagte, die Großen dieser Welt würden befehlen und herrschen, „bei euch aber darf es nicht so sein. Wenn einer groß sein will, dann möge er Diener sein. Wer der Erste sein will, der sei der Diener aller. Denn der Menschensohn kam nicht, um bedient zu werden, sondern um zu dienen" (Markus 10,43–45). Wenn Jesus dies gesagt hat, wie kann dann derjenige, der für seine Botschaft Zeugnis ablegt, der Papst, anders handeln?

Mit der Errichtung des Kirchenstaates, von dem heute nur noch der Vatikanstaat übrig geblieben ist, und der absolutistischen Monarchie der Päpste, insbesondere ab dem zweiten Jahrtausend, wurde die Kirche faktisch zur Erbin der Machtsymbole des Römischen Reiches und des Adels der Feudalgesellschaft. Dazu gehören prächtige Gewänder (wie die der Kardinäle), glitzerndes Gold, Brustkreuze und Ringe aus Gold und Silber und ein Gebaren wie zu Hofe. In den großen Klöstern aus dem Mittelalter lebte man wie in Palästen.

Als Student in München wohnte ich in einem Franziskanerkloster, das auf die Zeit Williams von Ockham zurückging (14. Jahrhundert). Allein ein Gemälde aus der Renaissance war einige tausend Euro wert. Wie kann man die Armut des Nazareners, der nicht wusste, wohin er sein Haupt betten sollte, mit den Mitren, vergoldeten Bischofsstäben, Stolen und fürstlichen Gewändern der heutigen Prälaten in Einklang bringen? Das ist, wenn man ehrlich ist, nicht möglich. Und das Volk, das keineswegs dumm ist, sondern über eine feine Beobachtungsgabe verfügt, bemerkt diesen offenkundigen Widerspruch. Ein solcher Machtapparat hat nichts mit der Überlieferung Jesu und der Apostel zu tun.

Einige Zeitungen berichteten: Als der Sekretär des Konklaves dem Papst Franziskus die *Mozetta* um die Schultern legen wollte, jenen reich verzierten Umhang also, der als Symbol der päpstlichen Macht gilt, sagte dieser schlicht: „Der Karneval ist vorbei, behalte dieses Gewand." Und er trat in seinem weißen Gewand auf den Balkon. Genau so einfach hat sich auch Bischof Hélder Câmara aus Brasilien gekleidet, der den bischöflichen Palast aus der Kolonialzeit in Olinda verließ, um im Dachgeschoss einer Kirche am Stadtrand zu wohnen. So hielt es auch Kardinal Paulo Evaristo Arns in São Paulo, ganz zu schweigen von Bischof Pedro Casaldáliga[1], der in einem armseligen kleinen Haus wohnt und sich dort mit einem Gast ein Zimmer teilt.

Für mich war es die schlichteste, ehrlichste und volkstümlichste Geste des Papstes Franziskus, als er in das kleine Hotel ging, in dem er untergebracht war (er quartierte sich niemals im Hauptgebäude der Jesuiten in Rom ein), um seine Rechnung zu bezahlen: 90 Euro pro Tag. Er kam herein und suchte selbst seine Kleidung zusammen, packte den kleinen Koffer, grüßte die Angestellten und ging wieder. Welcher weltliche Machthaber, welcher Millionär, welcher berühmte Künstler würde so etwas machen? Es wäre eine böswillige Unterstellung, wenn man in diesem Handeln des Bischofs von Rom, wie es für Normalsterbliche gang und gäbe ist, eine populistische Absicht vermuten würde.

Handelte er nicht genau so, als er noch Kardinal in Buenos Aires war, in einem kleinen Appartement und nicht in einem Bischofspalast lebte, seine Zeitung holte, einkaufen ging, um sich selbst sein Essen zuzubereiten, mit dem Bus oder mit der U-Bahn fuhr und sich lieber als „Padre Bergoglio" vorstellte?

Frei Betto[2] prägte einen Ausspruch, der viel Wahrheit enthält: „Der Kopf denkt von da aus, wo die Füße hintreten." In der Tat. Wenn jemand immer nur in Palästen und prächtigen Kathedralen herumläuft, wird sich sein Denken schließlich innerhalb der Logik der Paläste und

---

[1] Bischof von São Feliz do Araguaia in Brasilien, Poet und Mystiker.
[2] Frei Betto, eigentlich Alberto Libânio Cristo, ist ein brasilianischer Dominikanerbruder, der während der Militärregierung vier Jahre lang im Gefängnis war. Heute ist er in Volksbewegungen und Basisgemeinden engagiert, vor allem aber als renommierter Schriftsteller bekannt.

Kathedralen bewegen. Aus diesem Grund feierte der Papst die Sonntagsmesse in der kleinen Kirche Santa Ana, die als die römische Pfarrkirche des Papstes gilt. An einem anderen Sonntag, an dem Erstkommunion gefeiert wurde, mischte er sich nach dem Gottesdienst unter die Kinder, küsste und streichelte sie. Als sie den Segen des Franz von Assisi für ihn sangen, neigte er dabei die ganze Zeit über sein Haupt in Ehrfurcht vor diesem Segen und in Ehrfurcht vor den Kindern, die ihn sangen.

Eine Sache ist bemerkenswert und voll theologischer Bedeutung: Er stellte sich nicht als Papst vor, sondern als „Bischof von Rom". Er bat um Gebete für den Altbischof von Rom, Papst Benedikt XVI. Damit griff er die ursprüngliche Tradition der Kirche wieder auf, die den Bischof von Rom als „Ersten unter Gleichen" betrachtete. Aufgrund der Tatsache, dass in Rom die Gräber von Petrus und Paulus waren, erlangte der Bischof von Rom eine besondere Vorrangstellung. Doch diese symbolische und spirituelle Macht wurde im Stil der Liebe ausgeübt und nicht im Sinne juridischer Gewalt über die übrigen Ortskirchen – eine Form der Ausübung des Papstamtes, wie sie ab dem zweiten Jahrtausend vorherrschte.

Es würde einen nicht wundern, wenn der Papst eines schönen Tages beschließen würde, so, wie es Johannes Paul I. bereits vorhatte, den Vatikan zu verlassen, um an einem einfachen Ort zu wohnen, um den herum es genug Platz gäbe, um den Besuch der Gläubigen zu empfangen. Die Zeit ist reif für diese Art von Revolution der Gepflogenheiten rund um das Papsttum.

Das Beispiel des Papstes stellt einen Ansporn für die übrigen Prälaten der Kirche dar, in freiwilliger Einfachheit und Schlichtheit, nah am Volk zu leben, dem man dienen soll, das man ermutigen und dem man Orientierung im Glauben geben soll.

Ein Papst, der sein Leitungsamt in Liebe ausübt

Die schwere moralische Krise, die das gesamte institutionelle Gefüge der Kirche erfasst hat, hat dazu geführt, dass das Konklave jemanden wählte, der die Autorität und den Mut haben sollte, tiefgreifende Reformen der römischen Kurie und des Papstamtes selbst durchzuführen und die Kirche eher in Liebe und weniger mit juridischer Machtvollkommenheit zu leiten, die die Ortskirchen schwächt. Das deutete der neue Papst Franziskus in seiner ersten Ansprache an. Wenn das zutrifft, dann wird er der Papst des dritten Jahrtausends sein, der eine neue „Reihe" von Päpsten aus der Peripherie der Christenheit anführt: aus Lateinamerika, aus Afrika, aus Asien.

Die Gestalt des Papstes ist vielleicht das größte Symbol des Heiligen in der westlichen Welt. Die modernen Gesellschaften haben das Heilige im Zuge der Säkularisierung verbannt, und es ist offenkundig, dass sie entsprechende Führungsgestalten schmerzlich vermissen. Sie legen eine tiefe Sehnsucht nach der Vaterfigur an den Tag, die im Verschwinden begriffen ist – nach einem Vater, dessen Aufgabe es ist, Orientierung zu geben, Vertrauen herzustellen, den Sinn für Grenzen zu erwecken, und den Kindern sichere ethische Pfade aufzuzeigen. Solche archaischen Sehnsüchte werden in die Gestalt des Papstes hineinprojiziert – dies kann ein guter Beobachter an den Gesichtern der Gläubigen am Petersplatz ablesen.

In diesem Sinne brach Papst Franziskus mit dem Protokoll. Er fühlt sich als einer aus dem Volk, der seine Rechnungen dort bezahlt, wo er zu Gast war, in einem einfachen Auto zur Basilika Santa Maria Maggiore fährt und sein Brustkreuz aus Blech behält. Er hat sich als große Vaterfigur gezeigt: zärtlich und voll Kraft, unbeugsam und hilfsbereit.

Für die Christen ist der Petrusdienst unverzichtbar. Der Papst, der diesen Dienst ausübt, muss der Bezugspunkt der Einheit sein, und vor allem muss er „die Brüder und Schwestern im Glauben stärken", wie es der Herr aufgetragen hat. Rom, wo Petrus und Paulus begraben sind, wurde genau aus diesem Grund von Anfang an zu einem Bezugspunkt für die Botschaft des Evangeliums und des Eifers für die übrigen Kirchen. Diese Sichtweise wird heute auch von den übrigen, nicht katholischen Kirchen geteilt. Die entscheidende Frage ist, in welcher Weise diese Rolle ausgeübt wird.

Papst Leo der Große (440–461) musste, da die Macht des Römischen Reiches ausfiel, die Regierung Roms übernehmen, um dem Hunnenansturm unter Attila zu trotzen, der sich der Stadt bedrohlich näherte. Er legte sich selbst die Titel Papst und Pontifex maximus zu, die nur dem Kaiser vorbehalten waren. Er eignete sich den imperialen, monarchischen Stil der zentralistischen Machtausübung mitsamt den damit verbundenen Symbolen, Gewändern und dem Gebaren an, wie es am kaiserlichen Palast üblich war.

Die an Petrus gerichteten Worte hatten für Jesus die Bedeutung von Dienst und Liebe. Sie wurden nun von Papst Leo dem Großen nach Art des Römischen Reiches im engen Sinne von juridischer Gewalt interpretiert. All das erreichte seinen Höhepunkt mit Papst Gregor VII., der sich im Jahr 1075 mit seinem *Dictatus Papae* (der „Diktatur des Papstes") sowohl die religiöse als auch die weltliche Macht anmaßte. Es entstand die große totale Institution, ein Hindernis für die Freiheit der Christen und heute für die Ökumene und den Dialog mit der modernen, globalisierten Welt, die sich an die demokratische Form der Machtausübung mit wechselnden Protagonisten gewöhnt hat.

Diese absolutistische Form der Machtausübung wurde von den Theologen, insbesondere von den Reformatoren, immer in Frage gestellt. Doch sie war niemals wirklich bedroht. Papst Johannes Paul II. hat in seiner Enzyklika über den Ökumenismus zugegeben, dass diese Art der Ausübung des Petrusdienstes das größte Hindernis für die Einheit der Kirchen und für die Akzeptanz eines Teils der Christen ist, die aus einer demokratischen Welt kommen. Sie muss neu durchdacht werden. Die Inszenierung des Glaubens in Form großer Veranstaltungen genügt nicht, um ein solches Defizit wettzumachen. Die derzeitige monarchische Form der Ausübung päpstlicher Gewalt muss im Licht der ursprünglichen Absicht Jesu neu definiert werden, demzufolge Macht immer Dienst sein muss, ganz ohne Pomp und Drumherum. So halten es die Heiden und die Mächtigen dieser Welt. „Bei euch soll es nicht so sein", bekräftigte Jesus. Doch es wurde schließlich genau so.

Mit Sicherheit wird Papst Franziskus in der Ausübung seiner Macht einen pastoralen und partizipativen und keinen professoralen, einsamen Stil pflegen. Das Zweite Vatikanische Konzil hat die Mittel für diese Form der Amtsführung bereitgestellt: die Bischofssynode, die bis jetzt nur eine beratende Funktion hat, wobei sie ursprünglich beschlussfassende Kompetenz haben sollte. Damit wäre ein Exekutivorgan geschaffen, das die Kirche mit dem Papst leiten würde. Das Konzil hat noch eine weitere kirchliche Realität hervorgebracht: die Kollegialität der Bischöfe, das heißt die Bischofskonferenzen auf Kontinental- und Länderebene als die Gemeinschaft der jeweiligen Bischöfe sollten – stets in Gemeinschaft mit Rom – mehr Eigenständigkeit erhalten, um eine Verwurzelung des Glaubens in den regionalen Kulturen zu ermöglichen.

Es ist nicht undenkbar, dass Repräsentanten des Gottesvolkes angefangen von Kardinälen bis hin zu Frauen berufen werden, einen Papst der ganzen Christenheit zu wählen. Eine Reform der Kurie im Sinne einer Dezentralisierung ist dringend erforderlich. Papst Franziskus wird eine solche sicherlich durchführen. Warum kann das Sekretariat für die nichtchristlichen Religionen seinen Sitz nicht in Asien haben? Warum sollte das Sekretariat für die Einheit der Christen nicht in Genf, in der Nähe des Weltrats der Kirchen, angesiedelt sein? Warum nicht die entsprechenden Gremien für Menschenrechte und Gerechtigkeit in Lateinamerika? Die neuen Kommunikationsmittel wie Skype, Videokonferenzen, Blogs, soziale Netzwerke und andere Formen der elektronischen Kommunikation könnten das erleichtern.

Die katholische Kirche könnte zu einer nicht autoritären Instanz universaler Werte wie Menschenrechte, Rechte der Mutter Erde und der Natur, zu einer Instanz gegen den Konsumismus und für eine solidarische, gemeinschaftliche Kultur der Genügsamkeit werden.

Die entscheidende Frage ist nicht mehr die nach der Kirche, sondern die nach der Menschheit und Zivilisation insgesamt, die sogar ausgelöscht werden könnten: So groß sind nämlich die Gefahren für Ökologie und Gesellschaft, die auf uns allen lasten. Wie kann die Kirche zur Erhaltung der menschlichen Zivilisation beitragen?

All diese Dezentralisierung ist möglich und umsetzbar, ohne dass man damit die Substanz des christlichen Glaubens infrage stellt. Es kommt darauf an, dass Papst Franziskus ein Johannes XXIII. für unsere Zeit wird, ein „guter Papst", als der er sich auch präsentiert. Nur so wird es ihm gelingen, die verlorene Glaubwürdigkeit der Kirche wiederherzustellen und ein leuchtendes Zeichen für Spiritualität und Hoffnung zu werden.

Der auferstandene Jesus Christus und der Heilige Geist werden es nicht zulassen, dass das Boot des Petrus untergeht. Es wird sich als stärker erweisen als Wind und Wellen, die es bedrohen. Es wird mit neuer Kraft eine glückliche Fahrt in Richtung Hafen der Hoffnung aufnehmen.

Franz von Assisi entblößt sich, um die Nacktheit des Papstes zu bedecken

Aus der Geschichte erfahren wir, dass Innozenz III. (1198–1216), der zur Zeit des Franziskus Papst war, gelehrt war, seine theologische Doktorwürde an der besten Universität seiner Zeit, in Paris, erworben hatte, dass er ein kluger Jurist und beeindruckender Redner und geschickt in Verhandlungen war. Bereits mit 37 Jahren gelangte er auf den „Thron Petri" und führte das Papsttum einem niemals zuvor und danach erreichten Höhepunkt zu.

Als geschickter Politiker gelang es ihm, sich fast ganz Europa bis nach Russland zu unterwerfen, Könige, Herrscher und Feudalherren mit wenigen Ausnahmen zu seinen Vasallen zu machen. Er übte die weltliche und die geistliche Macht aus, er war der Herr über das Imperium und über das Sacerdotium.

Nachfolger Petri zu sein bedeutete wenig. Er erklärte sich zum „Stellvertreter Christi", und zwar nicht des armen Christus, der auf den staubigen Straßen Palästinas als Wanderprediger unterwegs war und die radikale Utopie des Reiches der bedingungslosen Liebe zum Nächsten und zu Gott, der universalen Gerechtigkeit, der grenzenlosen Geschwisterlichkeit und des grenzenlosen Mitleids verkündete. Nein, sein Christus war der Pantokrator, der Herr des Universums, das Haupt der Kirche und des Kosmos, der König der Welt. Der Papst empfand sich als Stellvertreter und Platzhalter genau dieser Art von König.

Diese Sichtweise beförderte den Aufbau einer monarchisch verfassten, mächtigen, reichen, aber weltlichen Kirche, die einen krassen Gegensatz zu all dem darstellt, was Jesus und seine Apostel wollten, die ohne Taschen und ohne Geld auszogen, um die Frohe Botschaft zu verkündigen.

Eine solche Demonstration weltlicher Macht konnte beim einfachen und frommen Volk nur eine heftige Gegenreaktion hervorrufen. So entstanden die Armutsbewegungen, denen sich Männer und Frauen aus dem einfachen Volk bis hin zu reichen Laien anschlossen, die freiwillig arm wurden. Von sich aus verkündeten sie das Evangelium in der Sprache des Volkes: das Evangelium der Armut im Gegensatz zum höfischen Prunk, der radikalen Einfachheit im Gegensatz zur Raffinesse der Paläste, der Anbetung des Christus, der in Betlehem geboren und am Kreuz gestorben ist, im Gegensatz zur Verehrung Christi als des allmächtigen Königs. Diese Armutsbewegung hatte viele konkrete Ausprägungen: die Albigenser und Waldenser, die Armen von Lyon, die Gefährten des Franziskus von Assisi, des Dominikus und der sieben Diener Mariens in Florenz. Letztere waren Adelige, die freiwillig zu Bettlern wurden.

Trotz all diesem Gepränge erwies sich Innozenz III. als aufnahmebereit für Franziskus und seine zwölf Gefährten, die zerlumpt und abgerissen in seinen Palast in Rom kamen und ihn um die Erlaubnis baten, ein Leben nach den Evangelium zu führen. Der Papst war gerührt und von Gewissensbissen geplagt, und so gab er ihnen seine mündliche Erlaubnis. Das trug sich im Jahr 1209 zu, und Franziskus sollte diese großzügige Geste niemals vergessen.

Doch die Geschichte verläuft nicht geradlinig. Das, was wahr ist und sich zwingend aufdrängt, wird, wenn es zur

Reife gelangt ist, zu einer ungeheuren Kraft. Und das sollte sich am 16. Juli 1216 in Perugia zeigen, wo Papst Innozenz III. einen seiner Paläste aufsuchte. Dort verstarb er plötzlich, nachdem er 18 Jahre lang das Amt des Papstes als triumphierender Herrscher ausgeübt hatte. Bald schon hörte man die düsteren Klänge des gregorianischen Chorals aus der päpstlichen Kathedrale dringen. Man inszenierte das *planctum super Innocentium*, die Wehklage, das heißt die Trauerfeier für Innozenz.

Doch nichts kann den Tod aufhalten. Er ist Herr über alle Eitelkeiten, über alle Pracht, alle Herrlichkeit und allen Triumph. Der Leichnam des Papstes war vor dem Hochaltar aufgebahrt und mit Flitter, Edelsteinen, Gold, Silber und den Insignien der zweifachen, nämlich weltlichen und geistlichen, Macht bedeckt. Kardinäle, Herrscher, Fürsten, Äbte und endlose Schlangen von Gläubigen drängten nacheinander herbei. So erzählt es uns Bischof Jakob von Vitry, der aus Namur gekommen war und später zum Kardinal ernannt wurde.

Es ist Mitternacht. Alle ziehen sich mit schwerem Herzen zurück. Nur der Kerzenschein wirft Fantasiegebilde an die Wände. Der Papst, der sonst immer von vornehmen Männern umgeben war, ist nun ganz allein in der Dunkelheit. Da schleichen sich seine eigenen Diener heimlich in die Kathedrale. Sie wissen Bescheid über die Edelsteine, das Gold und das Silber auf der Bahre des Papstes. In wenigen Minuten rauben sie dem Leichnam alle wertvollen Gewänder, das Gold, das Silber und die Insignien der päpstlichen Macht.

Nun liegt ein nackter, fast schon verwesender Leichnam da. Man bedenke, dass Innozenz eine berühmte Schrift über „Das Elend des menschlichen Daseins" veröffentlicht hatte. Dieses Elend zeigt sich nun mit aller Grausamkeit an ihm selbst als Papst.

Eine kleine, ärmliche und stinkende Elendsgestalt hatte sich in einer dunklen Ecke der Kathedrale verborgen aufgehalten, um die Totenwache zu halten, zu beten und die Nacht zusammen mit dem Papst zu verbringen, der im Jahr 1209 seinen Traum von einem evangeliumsgemäßen Leben in Armut und Einfachheit bestätigt hatte. Er zog sein zerrissenes und schmutziges Büßergewand aus und deckte damit den nackten, geschändeten Leichnam zu. Es war Franziskus von Assisi. Er hat sich selbst entblößt, um die Nacktheit des Papstes, mit dem ihn freundschaftliche Gefühle verbanden, zu bedecken.

Welch ein düsteres Geschick, das den Reichtum ereilt, und welch großzügige Geste der Armut! Der Reichtum hat ihn nicht vor der Plünderung geschützt, die Armut hat ihn vor der Schande bewahrt.

Jakob von Vitry schreibt in seinem Bericht folgendermaßen: „Als ich nun in die Kirche trat, erkannte ich augenblicklich, wie kurz und eitel die trügerische Herrlichkeit dieser Welt ist." (Jakob von Vitry, Brief aus Genua, 4, in: Franziskus-Quellen, 1534)

Papst Franziskus läuft nicht Gefahr, so zu enden wie Innozenz III., denn immer schon, auch als Bischof und Kardinal, hat er sich persönlich für die Armut und den Verzicht auf jeglichen Machtapparat entschieden. Dies macht seinen Lebensstil aus. Es gibt nichts, was die Habgier der Menschen in seiner Umgebung anstacheln könnte. Er fordert vielmehr alle Christen dazu auf, weniger konsumistisch zu sein, einfacher zu leben und einander als Geschwister verbunden zu sein, denn das sind wir faktisch bereits, weil wir nämlich Kinder Gottes, des Vaters und der Mutter unendlicher Güte, sind. Er macht es uns vor. Es ist nun an uns, seinem Beispiel zu folgen.

Die Ökologie bei Franz von Assisi und Franziskus aus Rom

Nicht ohne Grund nimmt ein Papst den Namen Franziskus an. Franziskus steht nicht nur für eine neue Art, Kirche zu sein, die mehr mit der Krippe von Betlehem als mit den Palästen Jerusalems zu tun hat, er ruft auch ein Thema in Erinnerung, das gerade heute von größter Dringlichkeit ist: die Frage der Erhaltung der Lebensfähigkeit des Planeten Erde und der Sicherung einer Zukunft für unsere Zivilisation. Um dies zu erreichen, ist eine bloß äußerliche Ökologie unzulänglich. Wir müssen sie mit der inneren Ökologie verbinden. Und genau dies hat der heilige Franziskus von Assisi in beispielhafter Weise getan.

Ich will das näher erläutern: Äußere Ökologie ist das feine Sich-Einstimmen auf die Rhythmen der Natur und den kosmischen Prozess, der in einer dialektischen Bewegung von Ordnung, Unordnung, Zusammenwirken und neuer Ordnung voranschreitet. Diese Ökologie garantiert die Dauerhaftigkeit des Evolutionspozesses, der das Universum, die Erde und die Artenvielfalt mit umfasst. Diese Art von Ökologie nennt sich auch Umweltökologie, weil es ihr um die Erhaltung und Unversehrtheit der Umwelt (die auch immer Innenwelt ist) im Sinne von Gewässern, Böden, der Regenwälder, der Flora und Fauna geht.

Doch auf der Stufe des Menschen wird die äußere Ökologie nur dann verwirklicht, wenn sie bei uns eine Entsprechung findet, die aus der inneren Ökologie entspringt.

Ihr verdanken wir es, dass das Universum mit seinen vielfältigen Formen in Gestalt von ausdrucksvollen Symbolen, von Orientierung gebenden Archetypen und starken Bildern in unserem Inneren präsent ist. Sie bilden den Stoff, mit dem wir uns in ständigem Dialog befinden müssen und den wir zu integrieren haben. Wenn der äußeren Ökologie (in den Familien und in der Gesellschaft) Gewalt angetan wird, dann ist das ein Anzeichen dafür, dass unsere innere Ökologie, unsere psychische Verfassung und unser Seelenzustand, gestört ist, und umgekehrt. Wir schaffen es nicht, die Ebenen von Ökologie miteinander in Einklang zu bringen, wie sie F. Guattari (2012) und ich selbst (vgl. Boff 2010, 117–141) beschrieben haben: die Umweltökologie, die soziale Ökologie, die geistige Ökologie und die integrale, umfassende Ökologie.

In seinem *Sonnengesang* (siehe Anhang, S. 121) hat Franziskus die Übereinstimmung von äußerer und innerer Ökologie zum Ausdruck gebracht. Seine außergewöhnliche spirituelle Intuition bestand darin, das Universum mit Gott, den Himmel mit der Erde und den Tod mit dem Leben zu versöhnen.

Um diese Erfahrung der umfassenden Ganzheit nachvollziehen zu können, muss man den Text des Sonnengesangs so lesen, dass er über den buchstäblichen Sinn auf die symbolische Ebene hinausführt, wo die besungenen Elemente emotionsgeladen und voller symbolischer Bedeutung sind.

Entscheidend ist der biografische Kontext bei Franziskus: Er war zu dieser Zeit sehr krank, ganz aufgedunsen, litt an der Malaria und war fast blind. Die heilige Klara pflegte ihn in einer Hütte in der Nähe der kleinen Kirche San Damiano, wo sie mit ihren Schwestern lebte. Plötzlich überkam ihn mitten in der Nacht eine Art geistlichen Höhenflugs, als ob er sich schon im Himmelreich befände. Strahlend vor Freude stand er auf, komponierte ein Lied, das sich an alle Geschöpfe richtete, und lud seine Mitbrüder ein, mit ihm zusammen zu singen.

Das Lied preist die große Vermählung zwischen „dem Herrn Bruder Sonnenball" und der „Schwester Herrin Erde". Aus dieser Vermählung gehen alle Seinsformen hervor, die paarweise, männlich und weiblich, einander zugeordnet sind. Nach C. G. Jung handelt es sich um die allgemeinsten Archetypen der Psyche in ihrer Ganzheit: Sonne – Mond; Wind – Wasser, Feuer – Erde. Dies ist die Ganzheit, die die Seele im Lauf ihres spirituellen Weges erreicht.

Das Lied hat noch zwei weitere Strophen, die der Poverello nachträglich hinzufügte: Darin wird nicht mehr der natürliche Kosmos besungen, sondern der Kosmos des Menschen, der ebenfalls nach Versöhnung strebt – so wie sich Bischof Guido von Assisi nach seinem Streit mit dem Präfekten versöhnt hat. Und am Schluss versöhnt sich Franziskus mit dem Bruder Tod. Den Tod zu integrieren ist für die menschliche Psyche die schwierigste Aufgabe. Das Leben schließt den Tod, der die Ewigkeit bringt, als Bruder in die Arme.

Die innere Ökologie in unlösbarer Einheit mit der äußeren Ökologie hat in Franziskus einen herausragenden Interpreten gefunden. Er ist gleichsam eine überaus zarte Saite des Universums, die den feinsten Ton zum Klingen bringt und unser Ohr damit erfreut.

Unsere Kultur hat sich für einen anderen Weg entschieden: den des leiblichen Vaters von Franziskus, Pedro Bernardone. Er war ein reicher Kaufmann (Tuchhändler), der nach Reichtum und Luxus strebte. Beim großen englischen Historiker Arnold Toynbee kann man lesen: „Um für die nächsten zweitausend Jahre eine bewohnbare Biosphäre zu erhalten, müssen wir und unsere Nachkommen das Beispiel des Pedro Bernardone – eines großen Stoffhändlers im 13. Jahrhundert, der nur sein eigenes materielles Wohlergehen im Sinn hatte – vergessen und stattdessen dem Vorbild seines Sohnes, des hl. Franziskus, des besten aller Menschen, die im Abendland je gelebt haben, nachzueifern beginnen. Das Beispiel, das uns der hl. Franziskus gegeben hat, ist es, das wir Abendländer aus ganzem Herzen nachahmen müssen, denn er ist der einzige Abendländer, der die Erde retten kann." (Toynbee 1970, 10f).

Und was ist unser Wunsch? Dass Franziskus aus Rom sich von Franz von Assisi inspirieren lässt und in seiner Demut, seiner Armut und unbekümmerten Heiterkeit zu einem Menschen wird, der die Mutter Erde liebt, dass er zum Verteidiger jeglichen Lebens wird, insbesondere des Lebens der Armen und Leidenden, das am meisten bedroht ist. Und dass er dieses Gewissen in den Menschen wachrütteln möge. Der Papst verfügt über alle Geistesgaben, die ihn zu einem Leuchtturm der Ökologie und der Humanität für die ganze Welt über die Grenzen von Religionen und Ideologien hinweg machen könnten.

Weckt der Papst das ökologische Gewissen?

Uns wird immer deutlicher bewusst, dass wir uns demnächst in einer für das Leben auf der Erde gefährlichen Phase befinden. Dunkle Wolken verdecken unsere Leitsterne und warnen uns vor gewaltigen ökologischen und sozialen Flutwellen, gerade jetzt, wo wir dabei sind, die rote Linie in Bezug auf den Kohlendioxidgehalt der Atmosphäre in einigen Regionen der nördlichen Hemisphäre zu überschreiten, nämlich 400 ppm („parts per million").

Bedauerlicherweise fehlt es uns an führenden Persönlichkeiten, die mit überzeugenden Worten und Taten die Menschheit, besonders die herrschenden Eliten, wachrütteln, das gemeinsame Schicksal von Erde und Menschheit beschwören und den Sinn für die gemeinsame und jeweils besondere Verantwortung wecken könnten, eine Zukunft für alle zu garantieren.

In dieser Situation kann die Gestalt des Bischofs von Rom, des Papstes Franziskus, eine bedeutende Rolle spielen. Er bezieht sich ausdrücklich auf Franz von Assisi, und zwar in erster Linie im Sinne einer deutlichen Option für die Armen und die soziale Gerechtigkeit, die ihren Ursprung in der lateinamerikanischen Kirche der Befreiung und der Theologie des Volkes hat, von den Generalversammlungen der Bischöfe in Medellín (1968) und Puebla (1979) formuliert wurde und Johannes Paul II. zufolge zum Erbe der Weltkirche insgesamt gehört.

Befreiungstheologen und Vertreter einer Theologie des Volkes haben klar erkannt, dass diese Option für die Armen auch den großen Armen mit einschließt, nämlich unseren über Gebühr beanspruchten Planeten Erde. Die Tragfähigkeit der Erde ist nämlich bereits um 30 % überschritten. Die Erde braucht anderthalb Jahre, um das wiederherzustellen, was man ihr innerhalb eines Jahres entnimmt.

Diese Tatsache verweist uns auf eine andere Frage, nämlich die ökologische Frage, das heißt die Frage, wie wir unser Verhältnis zur Natur und zur Mutter Erde gestalten müssen. Gerade hierin kann Franz von Assisi Papst Franziskus aus Rom inspirieren. Im Leben und Handeln des Franz von Assisi finden sich diesbezüglich wegweisende Haltungen. Sehen wir näher zu.

Alle biografischen Zeugnisse der frühen Zeit (Thomas von Celano, Bonaventura, die Legenda Perusina usw.) sprechen von seiner „zärtlichen Zuneigung zu allen Geschöpfen", was Thomas von Celano folgendermaßen beschreibt: „Wie erheiterte doch seinen Geist die Blumenpracht, wenn er ihre reizende Gestalt sah und ihren lieblichen Duft einsog! [...] Und wenn er eine große Anzahl von Blumen fand, predigte er ihnen und lud sie zum Lob des Herrn ein, gleich als ob sie vernunftbegabte Wesen wären. So erinnerte er auch Saatfelder und Weinberge, Steine und Wälder und die ganze liebliche Flur, die rieselnden Quellen und alles Grün der Gärten, Erde und Feuer, Luft und Wind in lauterster Reinheit an die Liebe Gottes und mahnte sie zu freudigem Gehorsam. – Endlich nannte er alle Geschöpfe ‚Bruder' und erfasste in einer einzigartigen und für andere ungewohnten Weise mit dem scharfen Blick seines Herzens die Geheimnisse der Geschöpfe; war er doch schon zur Freiheit der Herrlichkeit der Kinder Gottes gelangt." (1 Cel 81 f, Franziskus-Quellen, 247 f). Er befreite Vögel aus ihren Käfigen, er kümmerte sich um alle verletzten Tiere und er bat die Gärtner darum, einen Winkel in ihrem Garten frei zu lassen und dort nichts anzubauen, damit dort die Kräuter, auch das sogenannte Unkraut, wachsen können, denn auch sie würden den allerherrlichsten Vater aller Dinge verkündigen.

Hier erkennen wir eine andere Art, in der Welt zu sein, die sich vom Weltverhältnis der Moderne deutlich unterscheidet. In der Geisteshaltung der Moderne steht der Mensch *über* den Dingen als derjenige, der sie besitzt und beherrscht. Die Haltung des Franziskus war es, sich mitten unter die Dinge zu begeben, um mit ihnen im gemeinsamen Haus geschwisterlich zusammenzuleben. Als Mystiker hat er das intuitiv erfasst, was wir heute aufgrund wissenschaftlicher Erkenntnisse wissen: Unser jeweiliger genetischer Code setzt sich aus denselben Grundbausteinen zusammen. Deshalb eint uns ein gemeinsames Band des Lebens und wir sind miteinander verwandt, wir sind Cousins und Geschwister. Deshalb ist es so wichtig, dass wir Menschen einander respektieren und einander lieben und niemals Gewalt gegeneinander und gegenüber allen übrigen Seinsformen üben, die ebenfalls unsere Geschwister sind.

Der heilige Franziskus steht den autochthonen Völkern wie den Yanomami in Nordbrasilien oder den Völkern der Andenregion, die sich als Teil der Natur empfinden, viel näher als den Kindern der technisch-wissenschaftlichen Moderne, für die die Natur, die sie als Wildnis begreifen, zu ihrer Verfügung steht, um domestiziert und ausgebeutet zu werden.

Die gesamte Moderne ruht fast ausschließlich auf dem Fundament der intellektuellen Intelligenz. Sie hat uns mit einer schier unglaublichen Vielzahl von Annehmlichkeiten ausgestattet, doch sie hat nicht unsere Integration ins Ganze bewirkt geschweige denn uns glücklicher gemacht, denn sie hat die emotionale Intelligenz, die Intelligenz des Herzens, in den Hintergrund treten lassen, ja sogar ganz verdrängt, und der spirituellen Intelligenz jede Existenzberechtigung abgesprochen. Heute ist es dringend an der Zeit, diese drei Ausdrucksformen der Intelligenz wieder miteinander zu verbinden, wenn wir jene Werte und Gefühle wieder zur Geltung bringen wollen, die in ihnen ihren Nährboden haben: die Ehrfurcht und Achtung und das friedliche Zusammenleben mit der Natur und mit der Erde.

Durch das Bestreben, diese drei Intelligenzformen zu integrieren, begeben wir uns in die Logik der Natur selbst hinein, die Beziehungen herstellt, in der sich alles mit allem wechselseitig verbindet, in der die Lebensformen in Symbiose existieren und in der auf diese Weise das fein geknüpfte Netz des Lebens erhalten wird.

Franziskus lebte diese Einheit von innerer und äußerer Ökologie so sehr, dass ihn der heilige Bonaventura einen *homo alterius saeculi*, einen „Menschen, der einer anderen Welt angehört", nennt. Wir würden heute sagen: Er war ein Mensch, der einem anderen Paradigma entsprach.

Diese Haltung ist grundlegend, wenn es um die Zukunft unserer Zivilisation, der Natur und des Lebens der Erde geht. Franziskus aus Rom wird zum Träger dieses heiligen Erbes werden müssen, das Franz von Assisi der ganzen Menschheit anvertraut hat. Er wird die unterschiedlichen Gesellschaften darin unterstützen müssen, den Übergang von dieser Welt, die uns vernichten könnte, zu einer anderen Welt zu bewerkstelligen, die Franziskus in seinem Leben bereits vorweggenommen hat: eine Welt der kosmischen Geschwisterlichkeit, der Zärtlichkeit und bedingungslosen Liebe und eine Gesellschaft, die alles Leben erhält.

Ohne diese Werte wird es uns kaum gelingen, aus einer drohenden Tragödie eine reinigende Krise zu machen.

Dieser Friedens- und Bundesschluss zwischen Mensch und Natur, zwischen Technowissenschaft und Mutter Erde wird es sein, der das Entstehen einer neuen Weise ermöglicht, das einzige Gemeinsame Haus, das wir haben, die Erde, zu bewohnen. Das Paradigma der Achtsamkeit wird über das Paradigma der Herrschaft triumphieren, das empfindsame Herz wird über den kalten, berechnenden und erobernden Verstand den Sieg davontragen. Wir brauchen alle drei Formen der Intelligenz: die des Verstandes, die des Herzens und die spirituelle Intelligenz, damit wir wahrhaft als Menschen leben können. Zusammen können sie die Besonnenheit und die unabdingbare Liebe zu allem, was existiert und lebt, in uns hervorbringen. Dann wird alles „ökologisiert", das heißt wechselseitig miteinander verbunden sein, um eine große Gemeinschaft aller Seins- und Lebensformen zu bilden.

Wir hoffen, dass Papst Franziskus, inspiriert von Franz von Assisi, der große Erwecker des ökologischen Bewusstseins und der solidarischen Verantwortung angesichts des gemeinsamen Schicksals von Menschheit und Erde sein wird – eines Schicksals, das am Ende Glück und radikale Menschlichkeit sein muss.

Bricht mit Papst Franziskus endlich das dritte Jahrtausend für die Kirche an?

Das erste Jahrtausend des Christentums war vom Paradigma der Gemeinschaft geprägt. Die Ortskirchen waren relativ eigenständig und hatten ihre jeweils eigenen Riten: den orthodoxen, den koptischen, den – nach Bischof Ambrosius von Mailand so benannten – ambrosianischen, den mozarabischen in Spanien usw. Sie verehrten ihre jeweiligen Märtyrer und Bekenner und entwickelten unterschiedliche Theologien, wie man eindrucksvoll an den Beispielen des hl. Augustinus in Nordafrika, des heiligen Zyprian und am Beispiel des Laientheologen und hervorragenden Juristen Tertullian sehen kann. Sie anerkannten sich gegenseitig, und der Bischof von Rom übte sein Leitungsamt in Liebe aus und nahm den Titel „Papst" an. Doch schon sehr bald konnte man Anzeichen einer juridischen Auffassung erkennen, die einer römischen Kultur mit ihrem hoch entwickelten Rechtssystem entsprang.

Das zweite Jahrtausend war vom Paradigma der Kirche als *societas perfecta*, als vollkommene Gesellschaft, geprägt. Sie wurde zu einer absolutistischen Monarchie, in deren Mittelpunkt die Gestalt des Papstes als Oberhaupt stand, der mit unbegrenzter Machtfülle ausgestattet war und schließlich Ende des 19. Jahrhunderts als unfehlbar definiert wurde, sofern er sich in Glaubens- und Sittenfragen ausdrücklich unter Berufung auf diese Unfehlbarkeit äußert. Man schuf den Kirchenstaat mit einem eigenen Heer, einem eigenen Finanzwesen, einer eigenen Gesetzgebung, die sogar die – zuweilen auch vollstreckte – Todesstrafe beinhaltete.

Und man schuf ein Expertengremium für die Institution, die römische Kurie, die für die Verwaltung der Weltkirche Verantwortung trägt. Diese Zentralisierung hatte die Romanisierung der gesamten Christenheit zur Folge. Die Evangelisierung Lateinamerikas, Asiens und Afrikas war integraler Bestandteil ein und desselben Prozesses der kolonialen Eroberung der Welt, der Unterwerfung autochthoner Völker und der Ausplünderung natürlicher Reichtümer.

Evangelisierung, wie sie faktisch stattfand, bedeutete eine Verpflanzung des römischen Modells in eine andere Weltreligion. Damit schloss man eine echte Einwurzelung im Sinne der „Inkarnation", also eine Fleischwerdung des Christentums nach dem Vorbild der Menschwerdung des Gottessohnes, in lokalen Kulturen aus. Die strikte Trennung zwischen Klerus und Laien wurde offiziell zementiert. Diese Laien hatten keinerlei Entscheidungsgewalt (während sie im ersten Jahrtausend an der Wahl von Bischöfen und selbst des Papstes teilnahmen) und wurden juridisch und faktisch zu unmündigen Kindern erklärt und herabgestuft.

Die höfischen Gepflogenheiten von Priestern, Bischöfen, Kardinälen und Päpsten wurden bestärkt. Die Herrschaftstitel der römischen Kaiser, wie etwa „Pontifex maximus", wurden auf den Bischof von Rom übertragen, der sich von nun an tatsächlich als über allen übrigen Landes- und Ortskirchen stehend gerierte.

Die Kardinäle wurden zu Kirchenfürsten und kleideten sich wie der Hochadel der Renaissancezeit. Das blieb so bis in unsere heutige Zeit und stellt für nicht wenige

Christen, die Jesus seit je her als Armen und Mann aus dem Volk, als einen Verfolgten, Gefolterten und am Kreuz Hingerichteten sehen, einen Skandal dar.

Alles weist darauf hin, dass dieses Modell von Kirche mit dem Rücktritt Benedikts XVI., des letzten Papstes nach diesem monarchischen Vorbild, sein Ende gefunden hat. Der Amtsverzicht vollzog sich in einem Kontext tragischer Skandale, die aus dem Inneren der Kirche selbst herrührten und die Glaubwürdigkeit und Vertrauenswürdigkeit der christlichen Botschaft in ihrer Substanz betrafen.

Die Wahl von Papst Franziskus, der „vom Ende der Welt" herkommt, wie er selbst über sich sagte, das heißt von der Peripherie des Christentums und aus dem globalen Süden, wo 60 % der Katholiken leben, scheint den Beginn des kirchlichen Paradigmas des dritten Jahrtausends zu markieren: Kirche als weitgespanntes Netz christlicher Gemeinden, die in den unterschiedlichen Kulturen verwurzelt sind. Einige dieser Kulturen, etwa die chinesische, die indianische und die japanische, sind älter als die abendländische. Dazu kommen die Stammeskulturen Afrikas und die gemeinschaftlichen Kulturen Lateinamerikas. Die Kirche verwurzelt sich auch in der Kultur der Moderne der technisch hoch entwickelten Länder und auch in Regionen, die den Schritt in die Moderne bereits unternommen haben. Doch sie nimmt auch innerhalb der Volkskultur Gestalt an, insbesondere an der Peripherie, dort also, wo die Basisgemeinden, die Sozialpastoral und die verschiedenen Volksbewegungen (an denen sich viele Christen beteiligen) vorzugsweise – wenn auch nicht ausschließlich – zu finden sind. All diese konkreten Formen der Gestaltwerdung und Einwurzelung in einem bestimmten Milieu haben es mit einer gemeinsamen Herausforderung zu tun, nämlich der „Urbanisierung" der

Menschheit. Mehr als 60 % der Weltbevölkerung (in Brasilien sind es 83 %) leben in großen Metropolen mit etlichen Millionen Einwohnern.

In diesem Kontext wird es praktisch unmöglich sein, Territorialpfarreien, wie sie auf dem Land entstanden sind, zu organisieren. Die Kirche wird sich vielmehr aus Nachbarschaftsgemeinden bestimmter Häuser oder Straßenviertel aufbauen. Diese Art des gelebten Christentums wird von Laien, Frauen und Männern gleichermaßen, getragen. Sie werden wiederum von Priestern und Priesterinnen, ob nun verheiratet oder nicht, angeleitet, und die Bischöfe werden mehr im Dienst der Stärkung des Glaubens als der Verwaltung stehen. Die Kirchen werden andere Konstellationen und ein anderes Gepräge aufweisen.

Die Reform wird sich nicht auf die römische Kurie beschränken, die sich in einem alarmierenden Zustand befindet, sondern sie wird sich auf die gesamte institutionelle Verfasstheit der Kirche erstrecken und auch vor dem Papstamt nicht Halt machen. Möglicherweise wird diese Reform nur durch die Einberufung eines neuen Konzils in die Wege geleitet werden können – eines Konzils, an dem Vertreter der gesamten Christenheit, Laien, Männer und Frauen gleichermaßen, die sich durch besondere Kenntnisse auszeichnen, und Vertreter nicht nur anderer christlicher Kirchen, sondern sogar anderer Religionen und spiritueller Wege teilnehmen. Ein solches Konzil, das durch einen so hohen Vertretungsanspruch legitimiert wäre, könnte dem Papst die nötige Sicherheit geben, um sich gegen die Widerstände zu behaupten, und es würde die Grundlinien für den Weg der katholischen Kirche und vielleicht auch für die übrigen Kirchen im dritten Jahrtausend herausarbeiten.

Hoffentlich belebt das Wehen des Heiligen Geistes solche Initiativen kräftig. Das Pfingstereignis, an dem er in tosendem Brausen auf die Apostel herabkam, ist noch nicht zu Ende. Es war erst der Anfang.

Papst Franziskus wird die göttliche Erleuchtung und den Beistand des Geistes des Lebens, des „Vaters der Armen und des Lichts der Herzen", brauchen, um diesen Wandlungsprozess zu leiten, der mit vielen Risiken behaftet ist, aber noch viel mehr Verheißung und Hoffnung in sich birgt.

Die „Versuchung" des Franz von Assisi und die „Versuchung" des Franziskus aus Rom

Wir dürfen nicht die falsche Vorstellung hegen, dass Heilige frei von den Unwägbarkeiten des menschlichen Lebens sind, das Augenblicke höchster Freude genauso kennt wie das Scheitern, gefährliche Versuchungen und deren mutige Überwindung. Das war bei Franz von Assisi nicht anders. Er wird als der „Bruder Immerfroh" beschrieben, als freundlich und als einer, der in mystischer Vereinigung mit allen Geschöpfen lebte, die er als seine Geschwister betrachtete.

Doch zugleich war Franziskus einer, der von großer Leidenschaft und heftigem Zorn ergriffen werden konnte, wenn er sah, dass seine Mitbrüder seine Ideen verrieten. Sein bester Biograf, Thomas von Celano, bezeugt mit geradezu unerbittlichem Realismus, dass Franziskus Versuchungen „heftiger Zügellosigkeit" durchmachte, die er aber auf einer symbolischen Ebene zu sublimieren verstand.

Da gibt es aber etwas, was die frommen Hagiografen der Franziskaner praktisch verschweigen, was aber von einer kritischen historischen Forschung recht gut herausgearbeitet wurde: Es ist unter der Bezeichnung „Die große Versuchung" bekannt. Die letzten fünf Lebensjahre des Franziskus (er starb im Jahr 1226) waren von tiefen Ängsten, fast schon von Verzweiflung geprägt, und dazu litt er noch unter schweren Krankheiten wie der Malaria, möglicherweise auch an Lepra, und er war fast blind. Das Problem lag klar auf der Hand: Sein Lebensideal war es, in äußerster Armut und radikaler Einfachheit, ohne jegliche Macht und nur auf der Grundlage des wörtlich verstandenen Evangeliums zu leben – und zwar des Evangeliums ohne alle Interpretationskünste, die üblicherweise dessen revolutionären Gehalt zerreden. Innerhalb von wenigen Jahren übte sein Lebensstil eine solche Faszination aus, dass er mehr als fünftausend Anhänger gewann. Wie schafft man für diese Unterkünfte? Wie versorgt man sie mit Nahrung? Viele von ihnen waren Priester und Theologen wie der heilige Antonius von Bologna. Die Bewegung des Franziskus hatte keinerlei Struktur oder Regeln. Sie war einfach ein Traum, den er und seine Gefährten ernst genommen hatten. Franziskus selbst verstand sich als ein „novellus pazzus", ein „neuer Verrückter", den Gott innerhalb einer überaus reichen Kirche haben wollte, die von Innozenz III., dem mächtigsten Papst der Geschichte, regiert wurde.

Seit dem Sommer 1220 schrieb er mehrere Entwürfe der Ordensregel, die von der Gemeinschaft der Brüder allesamt verworfen wurden. Sie waren allzu utopisch. Insbesondere Bruder Elias, der pragmatisch und wenig spirituell war und zum Koordinator der Bewegung gemacht worden war, sagte schließlich zornig zu Franziskus: „Schreib eine Regel für dich allein, aber unterwirf uns nicht alle einer so harten Regel."

Franziskus war frustriert, fühlte sich zu nichts nutz und entschloss sich, die Leitung der Bewegung abzugeben. Voller Ängste und ohne zu wissen, was er nun tun soll, zog er sich zwei Jahre lang in den Wald zurück und wurde lediglich von Bruder Leo besucht, mit dem ihn eine innige Freundschaft verband. Unter zahlreichen Tränen und Gebeten hoffte er auf eine göttliche Eingebung, die jedoch auf sich warten ließ.

Inzwischen wurde eine Ordensregel verfasst, die vom Einfluss der römischen Kurie und des Papstes geprägt war. Sie machte aus der ursprünglichen Bewegung eine Ordensgemeinschaft, den Orden der Minderbrüder, mit klaren Strukturen und Leitsätzen. Franziskus hat sie unter Schmerzen demütig anerkannt. Aber er stellte klar, dass er nicht mehr darüber diskutieren würde, er würde in Zukunft nur noch durch das Beispiel reden und auf diese Weise zeigen, wie der ursprüngliche Traum von der Armut, der Einfachheit und der demütigen und treuen Nachfolge des armen und gekreuzigten Christus in ihm nach wie vor lebendig war.

Das Gesetz triumphierte über das Leben. die Macht hegte das Charisma ein. So ergeht es den großen charismatischen Bewegungen in der Geschichte. Sie werden alle schließlich von der Institution aufgesaugt und domestiziert. Nun können alle diesen Ideen folgen, aber indem sie sie spiritualisieren und oftmals auch das Leben der Menschen auf das Niveau der Mittelmäßigkeit herabstufen.

Doch der Geist des Franziskus blieb und inspiriert uns heute noch. Franziskus starb in großer persönlicher Frustration, ohne jedoch seine Heiterkeit zu verlieren. Sterbend sang er provençalische Liebeslieder auf Französisch und Psalmen auf Lateinisch.

Auch Franziskus aus Rom wird mit Sicherheit seine „große Versuchung" durchzustehen haben, und sie wird nicht geringer sein als die des Franz von Assisi. Er wird die römische Kurie zu reformieren haben, eine etwa tausendjährige Institution. Hier konzentriert sich die sakrale Gewalt *(sacra potestas)* in Gestalt von Verwaltungsakten. Schließlich geht es darum, eine Institution zu verwalten, die zahlenmäßig der Bevölkerung Chinas entspricht und 1,2 Milliarden Katholiken umfasst. Doch es drängt sich sofort der Warnhinweis auf: Wo Macht ist, da tut sich die Liebe schwer, und auch die Barmherzigkeit kann nicht gedeihen. Es regiert das Imperium der Doktrin, der Ordnung und des Gesetzes, und es liegt in dessen Wesen begründet, zu akzeptieren oder auszuschließen, zu billigen oder zu verurteilen.

Wo Macht ist – und das gilt insbesondere für eine absolutistische Monarchie wie den Vatikan –, entsteht immer auch Gegenmacht, es kommen Intrigen auf, es kommt zu Karrierismus und den Streit um noch mehr Macht. Thomas Hobbes hat es in seinem *Leviathan* klar gesehen: „Man kann die Macht nur absichern, wenn man nach immer mehr Macht strebt."

Franziskus aus Rom muss als der derzeitige Ortsbischof und Papst in dieses Machtgefüge eingreifen, das von tausendfacher Hinterlist und zuweilen von Korruption geprägt ist. Wir wissen es von früheren Päpsten und von der Geschichte des Papsttums insgesamt her, dass diejenigen, die sich anschickten, die römische Kurie zu reformieren, auf heftige Widerstände stießen und große Frustration erlebten, ja es kamen sogar Gerüchte über die physische Beseitigung von Päpsten durch mafiöse Gestalten auf, die in den kirchlichen Verwaltungsapparat eingeschleust waren.

Papst Franziskus aus Rom hat etwas vom Geist des Franz von Assisi: die Armut, die Einfachheit, den völligen Verzicht auf Machtausübung. Doch zu unserem Glück ist er Jesuit mit einem entsprechenden Ausbildungsweg und mit der berühmten Gabe der „Unterscheidung der Geister" ausgestattet, die so charakteristisch für seine Ordensgemeinschaft ist. In jedem Moment der Entscheidung stellt sich ein Jesuit die Frage: Was will Gott nun von mir? Welche Entscheidung ist nun zu treffen? Wir glauben, dass Papst Franziskus bei seinen Entscheidungen versuchen wird, die Zärtlichkeit, die er ausdrücklich zu erkennen gibt, mit außergewöhnlicher Stärke zu verbinden, um die ihm anvertraute Aufgabe zu erfüllen, nämlich die moralisch in Trümmern liegende Kirche wieder aufzubauen.

Franz von Assisi hatte nur wenige Ratgeber. Sie waren Träumer wie er selbst und wussten praktisch nicht, wie man ihm helfen kann. Franziskus aus Rom umgibt sich mit Ratgebern, die er aus allen Kontinenten ausgesucht hat. Die Mehrzahl von ihnen ist höheren Alters, das heißt sie haben Erfahrung in der Ausübung sakraler Macht. Diese Macht muss nun eine andere Gestalt annehmen: Sie muss eher Dienst sein als Befehl, sie muss eher frei von den Symbolen des Palastes sein und darf sich nicht mit diesen schmücken, sie muss eher den „Stallgeruch der Schafsherde" an sich tragen und nicht so sehr den Duft des Blumenschmucks der Altäre.

Der Inhaber sakraler Macht muss mehr Hirte als kirchliche Autorität sein, eher in Liebe sein Leitungsamt ausüben und nicht so sehr mit der Eiseskälte des Kirchenrechts. Er muss Bruder unter anderen Geschwistern sein, wenn er auch eine besondere Verantwortung trägt.

Wird Franziskus aus Rom seine „große Versuchung" im Geist seines Namensvetters aus Assisi bestehen? Ich meine, dass er klar Kurs zu halten verstehen wird und dass es ihm nicht an Mut fehlen wird, sich danach zu richten, was die „Unterscheidung der Geister" ihm eingibt, um so die Glaubwürdigkeit der Kirche tatsächlich wiederherzustellen und das Faszinierende an der Gestalt Jesu wieder sichtbar werden zu lassen.

Radikal arm sein, um wahrhaft Bruder zu sein

Eines der ersten Worte des neu gewählten Papst Franziskus lautete: „Ich wünsche mir eine arme Kirche für die Armen." Dieser Wunsch entspricht dem Geist des Franz von Assisi, den man den *Poverello*, den kleinen Armen von Assisi nannte. Er hatte nicht vor, eine arme Kirche für die Armen zu verwirklichen, denn das wäre innerhalb der herrschenden Christenheit, in der die Kirche ganz im Sinne der geistlichen und weltlichen Macht strukturiert war, gar nicht möglich gewesen. Doch er initiierte in seiner unmittelbaren Umgebung eine Gemeinschaft von Armen und mit den Armen, die wie die Armen selbst lebte.

Spricht man von gesellschaftlichen Klassen, so gehörte Franziskus dem wohlhabenden Bürgertum seiner Stadt an. Sein Vater war ein reicher Stoffhändler, der zusammen mit seinem Sohn Reisen zu Handelsmessen nach Frankreich und Holland unternahm. Bei diesen Reisen lernte Franziskus das Französisch, wie es in der sogenannten Languedoc in Südfrankreich gesprochen wurde, insbesondere die Lieder der fahrenden Sänger. Papst Franziskus kommt aus dem einfachen Volk und bekannte sich stets zur politischen Strömung des Peronismus, die den Gedanken der Gerechtigkeit und der Gleichheit aller in den Mittelpunkt stellt.

Als junger Mann war Franz von Assisi der Anführer einer Gruppe von reichen Jugendlichen, die zur *jeunesse dorée* zählten und deren Leben aus Feiern, Trinkgelagen und Ausgelassenheit bis in den frühen Morgen bestand. Franziskus war bereits erwachsen, als er eine heftige Lebenskrise durchmachte. Aus dieser Krise heraus brachen in ihm ein unbegreifliches Mitleid mit den Armen und eine Liebe zu ihnen hervor, insbesondere zu den Leprakranken, die aus der Stadt hinaus verbannt waren und zu denen man keinen Kontakt aufnehmen konnte.

Er ließ die Familie und die Geschäfte hinter sich, entschied sich für die radikale Armut des Evangeliums und lebte zusammen mit den Leprakranken. Der arme und gekreuzigte Jesus und die wirklich Armen seiner Zeit waren die stärksten Beweggründe für ihn, sein Leben zu ändern. Zwei Jahre verbrachte er in Gebet und Buße, bis er in seinem Inneren den Ruf des Gekreuzigten vernahm: „Franziskus, baue meine Kirche wieder auf, die in Trümmern liegt."

Es war nicht leicht zu begreifen, dass es sich nicht um etwas Materielles, sondern um eine spirituelle Aufgabe handelte. Er zog aus und predigte in den Marktflecken das Evangelium in der Sprache der einfachen Leute. Doch er tat dies mit einer solchen Heiterkeit, „Grazie" und Überzeugungskraft, die auf einige seiner früheren Kumpanen faszinierend wirkte. Im Jahr 1209 erlangte er von Papst Innozenz III. die Bestätigung seiner „Verrücktheit" des Evangeliums. Er rief die franziskanische Bewegung ins Leben, die in nicht einmal zwanzig Jahren (Franziskus starb im Jahr 1226) bereits mehr als fünftausend Anhänger hatte.

Vier Haltungen bildeten die strukturierenden Achsen der Bewegung: leidenschaftliche Liebe zum gekreuzigten Christus, zärtliche, geschwisterliche Liebe zu den Armen, die „Herrin Armut", echte Einfachheit und große Demut. Wir lassen die anderen Dinge beiseite und versuchen lediglich zu begreifen, wie Franziskus lebte und wie er mit den Armen zusammenlebte. Denn genau das ist für uns heute wichtig. Wenn wir recht sehen, so hat er nichts *für* die Armen gemacht, er hat kein Hospital gegründet und kein Hilfswerk ins Leben gerufen. Aber er hat viel zusammen *mit* den Armen gemacht. So bezog er sie in die Verkündigung des Evangeliums mit ein, und wo er nur konnte, war er mit ihnen zusammen. Er wurde zum Armen unter Armen. Und wenn er einen traf, der noch ärmer war als er, gab er ihm einen Teil seiner Kleidung, um wirklich der Ärmste der Armen zu sein.

Die Armut bestand für ihn nicht darin, nichts zu haben, sondern in der Fähigkeit zu geben und nochmal zu geben, bis er sich allem entledigt hatte. Es war kein asketischer Lebensweg. Es war vielmehr das Mittel für einen unvergleichlichen Vorzug: die Identifizierung mit dem armen Christus und mit den Armen, zu denen er Bande der Geschwisterlichkeit knüpfte.

Franziskus hat intuitiv begriffen, dass sich der Besitz zwischen die Menschen drängt und die unmittelbare Begegnung Auge in Auge und von Herz zu Herz verhindert. Es sind die Interessen, die „zwischen" den Menschen stehen (dies ist die wörtliche Bedeutung von inter-esse: dazwischen sein), die der Geschwisterlichkeit Hindernisse in den Weg stellen. Die Armut ist das ständige Bemühen, die Besitztümer und Interessen jeglicher Art beiseite zu schaffen, damit daraus die wahre Unmittelbarkeit der Geschwisterlichkeit erwachse. Radikal arm sein, um radikal Bruder oder Schwester sein zu können: Das ist das, was Franziskus will, wenn es um die Armut geht.

Eine so radikal gelebte Armut war sicherlich schwierig und hart. Niemand lebt von der Mystik allein. Das leibhaftige Leben in der Welt ist mit Bedürfnissen verbunden, die man nicht verleugnen kann. Wie soll man diese faktische Entmenschlichung bei dieser Art von Armut mit Menschlichkeit erfüllen? Die Quellen, die wir aus der damaligen Zeit haben, bezeugen, dass die Brüder damals als *silvestres homines*, als „Wilde" in Erscheinung traten, die kaum etwas aßen, barfuß unterwegs waren und sich in die schlechtesten Lumpen hüllten. Doch verwundert vermerken diese Quellen, dass sie niemals ihre Fröhlichkeit und ihren Humor verloren.

In dieser Atmosphäre äußerster Armut pflegt Franziskus eine besondere Wertschätzung der Geschwisterlichkeit, Achtsamkeit und Sorge füreinander. Die Armut eines jeden Einzelnen stellt für den anderen die Herausforderung dar, sich um ihn zu kümmern und für ihn durch Betteln um Almosen oder Arbeit das Notwendigste zu beschaffen, ihm Herberge und Sicherheit zu geben. Damit ist mit dem Mythos vom *Haben*, das vorgibt, für Sicherheit und Menschenwürde zu sorgen, gründlich aufgeräumt. Franziskus will, dass jeder Bruder die Aufgabe erfüllt, Mutter für den anderen zu sein, denn die Mütter verstehen es, für den anderen, besonders den Kranken, zu sorgen.

Diese mütterliche Haltung will Papst Franziskus bei den Hirten sehen. Sie sind keine Verwalter, sondern Hirten, die um die Gläubigen Sorge tragen, sie nähren und liebevoll behandeln.

Allein die Sorge um den anderen macht das Leben menschlich. Das hat der deutsche Philosoph Martin Heidegger in seinem Werk *Sein und Zeit* schön aufgezeigt. Für den, der völlig ohne Schutz lebte, bedeutete die Geschwisterlichkeit tatsächlich alles. Der Biograf des Franziskus, Thomas von Celano, beschrieb die Heiterkeit und Freude inmitten der rauen Wirklichkeit der Armut: Bei ihm heißt es: „Je größer ihre Sehnsucht zusammenzukommen, desto größer war ihre Freude, zusammen zu sein, schwer dagegen auf beiden Seiten die Trennung, bitter das Scheiden, hart das Geschiedensein." (1 Cel 39, Franziskus-Quellen, 223) Die völlige Entäußerung öffnete sie dafür, sich an der

Schönheit aller Dinge zu erfreuen, doch sie wollten diese Dinge nicht besitzen, sondern nur verkosten.

Aus diesem spirituellen Abenteuer kann man viele Erkenntnisse gewinnen. Greifen wir nur eine davon heraus: Für Franziskus müssen die menschlichen Beziehungen immer von denen ihren Ausgang nehmen, die in den Augen der Mächtigen nichts sind und nichts haben. Sie müssen als Geschwister in die Arme geschlossen werden. Allein eine Geschwisterlichkeit, die von unten her kommt und von dort her alle übrigen mit einschließt, ist wahrhaft menschlich und von dauerhaftem Bestand.

Die Kirche, wie wir sie heute kennen, wird niemals *so wie* die Armen sein. Doch sie kann *für* die Armen und *mit* den Armen sein, wie es dem Traum von Papst Franziskus entspricht. Dieser Aufruf zielt darauf ab, weniger zu haben, um mehr zu sein, einen solidarischen Konsum anzustreben, damit alle das Notwendige für ein anständiges Leben haben, die Genügsamkeit des Teilens einer Kultur der Anhäufung von Reichtümern und der Verschwendung entgegenzusetzen.

Für unseren jetzigen Papst ist die Armut das bevorzugte Thema. Mit der Armut Hand in Hand geht die Haltung der Begegnung, des Zusammenlebens, des Zuhörens, des Dialogs und des Mitleids mit den Armen. Er hat deutlich gesagt, dass die Armut nicht durch Menschenfreundlichkeit überwunden wird, sondern durch soziale Gerechtigkeit. Bei seiner Ansprache in der Favela Varginha hat er gezeigt, dass er die Armut persönlich lebt. Er suchte die Leute in ihren bescheidenen Häuschen auf, trank einen „cafezinho"[3] mit ihnen, schloss die Kinder und auch die Erwachsenen in seine Arme und fühlte sich zu Hause.

---

[3] Das in Brasilien übliche und stets angebotene Heißgetränk: eine kleine Tasse sehr stark gerösteten Kaffees mit sehr viel Zucker.

Zu den anwesenden Kardinälen und Bischöfen sprach er über die notwendige Achtsamkeit und die „Revolution der Zärtlichkeit". Es ist eine Revolution im Kleinen, die sich da gerade vollzieht. Sie kann an Strahlkraft gewinnen und immer mehr Menschen, die gesamte Kirche und die ganze Gesellschaft erfassen, bis sie schließlich die große und dringend notwendige Kehrtwende der Zivilisation insgesamt ermöglicht: die Nähe aller zueinander, die Hochachtung voreinander, die Genügsamkeit des Teilens, die Sorge für das bedrohte Leben.

Mit Papst Franziskus hielt die Dritte Welt Einzug in den Vatikan

Die vielen Neuerungen, die Papst Franziskus, der neue Bischof von Rom, wie er sich selbst zu nennen pflegt, eingeführt hat, was den Stil der Amtsführung eines Papstes betrifft, sind bemerkenswert. Es ist der neue Stil eines in zärtlicher Zuwendung, Verständnis, Dialog und Mitleid ausgeübten Leitungsamtes.

Nicht wenige waren verblüfft, denn sie waren den klassischen Stil gewohnt, und es war in Vergessenheit geraten, dass dieser alte Stil nichts anderes als das Erbe der heidnischen römischen Kaiser war, angefangen von der Bezeichnung „Papst" bis hin zur prächtigen Mozetta, dem Umhang voller Verzierungen, der ein Symbol der imperialen Macht ist und den Franziskus spontan ablehnte.

Man muss immer wieder von Neuem daran erinnern, dass der jetzige Papst von außerhalb kommt, vom alten Europa aus gesehen von der Peripherie. Er bringt eine ganz andere Erfahrung von Kirche mit, andere Bräuche und vor allem eine andere Weise, die Widersprüche in der Welt wahrzunehmen. Das hat er ausdrücklich in seinem langen Interview mit der Zeitschrift der Jesuiten, *Civiltà Cattolica*, gesagt: „Die jungen Kirchen entwickeln eine Synthese von Glaube, Kultur und Leben, die im Entstehen begriffen ist, und die sich deshalb von der unterscheidet, die sich innerhalb der älteren Kirche herausgebildet hat." Diese alten Kirchen sind nicht vom Werden geprägt, sondern von Stabilität, und es fällt ihnen schwer, neue Elemente aus der modernen, säkularen und demokratischen Kultur aufzunehmen.

Hier betont Papst Franziskus den Unterschied. Er ist sich dessen bewusst, dass er von einer anderen Weise, Kirche zu sein, herkommt, die innerhalb der Dritten Welt herangereift ist. Diese Dritte Welt ist geprägt von tiefer sozialer Ungerechtigkeit, von einer erschreckend hohen Anzahl von Elendsvierteln rund um die städtischen Ballungszentren, von alten, stets verachteten Kulturen, vom Erbe der Versklavung der schwarzen Bevölkerung, die großer Diskriminierung ausgesetzt ist. Die Kirche hat verstanden, dass sie sich neben ihrer im engeren Sinne religiösen Aufgabe nicht davor drücken kann, dringende gesellschaftliche Fragen in Angriff zu nehmen, dass sie auf der Seite der Schwachen und Unterdrückten sein und sich für deren Befreiung einsetzen muss. Bei den verschiedenen Generalversammlungen der Bischöfe Lateinamerikas und der Karibik wurden die vorrangige Option für die Armen, gegen die Armut, und eine befreiende Evangelisierung ausformuliert.

Papst Franziskus entstammt genau diesem kulturellen und kirchlichen Nährboden. In diesem Klima sind solche Optionen samt ihrer theologischen Reflexion und den entsprechenden Weisen, den Glauben innerhalb eines Netzes von Basisgemeinden zu leben und in einer Art zu feiern, die die Volksfrömmigkeit integriert, selbstverständlich. Doch keineswegs selbstverständlich ist dies alles für die Christen der alten europäischen Christenheit, die überfrachtet ist mit theologischen Traditionen, Kathedralen und einem Weltgefühl, das der griechisch-römisch-germanischen Ausdrucksform der christlichen Botschaft entspringt. Der erste Besuch des Papstes, der aus einer Kirche kommt, in der die Armen im Mittelpunkt stehen, galt den Flüchtlingen auf der Insel Lampedusa. Dann erst besuchte er das Zentrum der Jesuiten in Rom, und schließlich die Arbeitslosen auf Korsika. Für ihn ist diese Prioritätensetzung normal, aber für die Mitglieder der Kurie ist das fast ein „Skandal" und für die übrigen Christen Europas ist es unerhört. Die Option für die Armen, die von den beiden Vorgängerpäpsten durchaus noch einmal bekräftig wurde, war bloß ein Lippenbekenntnis und ein Begriff. Es kam zu keiner Begegnung mit den wirklich Armen und Leidenden.

Vielleicht machen diese Worte des Papstes Franziskus deutlich, wie er die Sendung der Kirche selbst lebt und wie er sie sieht: „Ich sehe die Kirche als Feldlazarett nach einer Schlacht. Es ist nutzlos, einen Schwerverwundeten zu fragen, ob er einen hohen Cholesterinspiegel habe oder zuckerkrank sei. Es kommt darauf an, seine Wunden zu heilen. Danach kann man sich über alles übrige unterhalten." Und er setzt fort: „Die Kirche hat sich zuweilen in Kleinigkeiten, engstirnigen Vorschriften verzettelt. Die wichtigste Sache ist aber die Verkündigung, die an erster Stelle steht, nämlich: ‚Jesus hat uns gerettet'. Deshalb müssen die Diener der Kirche in erster Linie Diener der Barmherzigkeit sein, und die organisatorischen oder strukturellen Reformen sind zweitrangig, das heißt, sie kommen erst danach, denn die erste Reform muss die der Grundhaltung sein. Die Diener des Evangeliums müssen Menschen sein, die die Fähigkeit haben, das Herz der Menschen zu erwärmen, mit ihnen zusammen durch die Nacht zu gehen, mit ihnen Zwiesprache halten zu können und auch ihre Nacht mit ihnen zu teilen, in ihre Dunkelheit vorzudringen, ohne sich zu verirren." Und zum Schluss sagte er noch: „Das Volk Gottes will Hirten und keine Funktionäre oder Beamten." Bei seiner Ansprache an die Bischöfe in Brasilien forderte er von ihnen eine „Revolution der Zärtlichkeit".

Im Zentrum stehen also nicht Lehre und Disziplin, die in den letzten Jahren so bestimmend waren, sondern im Zentrum stehen Jesus und der Mensch mit seinem Suchen und Fragen, ob er nun gläubig ist oder nicht. Das hat der Papst im Gespräch mit dem nichtgläubigen ehemaligen Herausgeber der römischen Tageszeitung *La Repubblica*, Eugenio Scalfari, gezeigt. Es ist ein neuer Wind, der hier von den jungen Kirchen an der Peripherie her weht und die gesamte Kirche durchlüftet. Der Frühling kommt tatsächlich, und er ist verheißungsvoll.

Der Papst, die Theologie der Befreiung und die Theologie des Volkes

Viele haben sich gefragt, ob Papst Franziskus, weil er ja aus Lateinamerika kommt, ein Anhänger der Befreiungstheologie sei. Diese Frage ist gar nicht von Bedeutung. Es kommt nicht darauf an, ob man für die Befreiungs*theologie* ist, sondern ob man für die Befreiung der Unterdrückten, der Armen und derer ist, denen Unrecht geschieht. Und das ist er ohne Zweifel mit aller Bestimmtheit.

Das war eigentlich immer das, worum es der Befreiungstheologie ging. An erster Stelle kommt die konkrete Befreiung vom Hunger, vom Elend, vom moralischen Verfall und vom Bruch mit Gott. Diese reale Befreiung gehört zu den Gaben des Reiches Gottes und zu dem, was Jesus wollte. Dann erst, an zweiter Stelle, kommt die Reflexion über diese Wirklichkeit, das Nachdenken darüber, inwieweit hier das Reich Gottes konkret vorweggenommen wird und in welcher Weise das Christentum als von Jesus herkommende spirituelle Kraft zusammen mit anderen Gruppen, denen es um die Verwirklichung von Menschlichkeit geht, an dieser notwendigen Befreiung mitwirken kann.

Diese nachträgliche Reflexion, die wir Theologie nennen, kann stattfinden oder auch nicht. Das Entscheidende ist, dass die reale Befreiung stattfindet. Doch es wird immer wache Denker geben, die den Schrei der Unterdrückten und der verwüsteten Erde hören und sich fragen: Wie können wir ausgehend von dem, was wir von Jesus, den

Aposteln und der christlichen Lehre so vieler Jahrhunderte gelernt haben, unseren Beitrag zur Befreiung leisten? Genau das hat eine ganze Generation von Christen, angefangen von Kardinälen bis hin zu Laien, seit den Sechzigerjahren des vorigen Jahrhunderts getan. Und es setzt sich bis heute fort, denn die Armen werden nicht weniger, und ihr Schrei hat sich bereits in ein unüberhörbar lautes Rufen verwandelt.

Papst Franziskus hat also unter uns die Theologie der Befreiung gelebt. Diese ist nicht so sehr eine bestimmte Lehrtradition, sondern eine bestimmte Art und Weise, Theologie zu betreiben, nämlich ausgehend vom Schrei der Unterdrückten und indem man sich um ihre Befreiung abmüht. Papst Franziskus hat diese Grundentscheidung, diese Option für die Armen, getroffen. Er lebte und lebt nach wie vor arm und in Solidarität mit den Armen, und in einer seiner ersten Ansprachen als Papst hat er klar gesagt: „Wie sehr wünsche ich mir eine arme Kirche für die Armen." In diesem Sinne setzt Papst Franziskus das um, worum es der Befreiungstheologie in erster Linie geht, und stellt ihr Markenzeichen heraus: *die vorrangige Option für die Armen, gegen die Armut und für das Leben und die Gerechtigkeit.*

Diese Option ist für ihn nicht einfach nur Gerede, sondern eine Lebensentscheidung und spirituelle Grundhaltung. Um der Sache der Armen willen hat er sich mit den Mächtigen Argentiniens angelegt, denn er forderte von ihnen mehr Engagement für die Überwindung der sozialen Probleme, die man sozialanalytisch Ungleichheit nennt, die von einem ethischen Gesichtspunkt her gesehen Ungerechtigkeiten darstellen und die theologisch als soziale Sünde bezeichnet werden müssen, die direkt den lebendigen Gott betrifft – jenen Gott, der nach dem Zeugnis der Bibel immer an der Seite derer steht, die am wenigsten am Leben teilhaben und Opfer von Ungerechtigkeit sind.

Im Jahr 1990 gab es in Argentinien 4 % Arme. Heute hat die Gier des nationalen und internationalen Kapitals dafür gesorgt, dass es etwa 20 % Arme gibt. Dies sind nicht einfach Zahlen. Für eine sensible und spirituelle Person wie Papst Franziskus ist dieses Faktum ein Kreuzweg des Leidens, der Tränen hungernder Kinder und der Verzweiflung arbeitsloser Väter. Das ruft mir einen Satz von Dostojewskij in Erinnerung: „Der ganze Fortschritt der Welt wiegt das Weinen eines hungernden Kindes nicht auf."

Papst Franziskus hat mit Nachdruck darauf hingewiesen, dass diese Armut nicht einfach durch Menschenfreundlichkeit überwunden wird, sondern durch eine Politik, die den Unterdrückten ihre Würde zurückgibt und sie zu selbstständigen und der Teilhabe fähigen Bürgern macht.

Es ist nicht wichtig, dass der Papst den Ausdruck „Theologie der Befreiung" nicht benutzt. Worauf es einzig und allein ankommt, ist, dass er im Sinne der Befreiung spricht und handelt. In Argentinien hat sich eine Strömung der Befreiungstheologie entwickelt, die sich nicht als Alternative zu ihr versteht, sondern als eine bestimmte kulturelle Ausdrucksform. Sie nennt sich „Theologie des Volkes" oder „Theologie der Volkskultur". In diesem Land hat das Volk seit Perón ein hohes politisches Bewusstsein entwickelt und eine reichhaltige Volkskultur hervorgebracht, die am Schicksal des Landes Anteil hat. Juan Carlos Scannone, der hauptsächliche Vertreter dieser theologischen Strömung, bezeugt, dass Bergoglio seinerzeit im Colégio Máximo San Miguel bei Buenos Aires sein Schüler war. Pater Bergoglio hat sich immer dieser „Theologie des Volkes" verbunden gefühlt. Ohne dass er also den geläufigeren Ausdruck „Theologie der Befreiung" benutzen musste, stand er deren grundlegenden Anliegen und fundamentalen Positionen niemals fern. Ihr geht es schließlich darum, den Glauben zu einem Werkzeug für die Befreiung der Unterdrückten zu machen. Die „Theologie des Volkes" unternimmt keine Analyse im Sinne von sozialen Klassen, die die Ursachen der Verarmung und der gesellschaftlichen Unterdrückung aufzeigt. Sie zieht es stattdessen vor, die Volkskultur in ihrer Dynamik, aber auch in ihren Widersprüchen zu analysieren und betont dabei die partizipativen und befreienden Elemente, die in ihr enthalten sind.

Beide Strömungen ergänzen einander im Dienst an einer Sache von höchster Bedeutung: im schwierigen, aufopferungsvollen und zuweilen zum Martyrium führenden Dienst, den Armen in ihren Kämpfen beizustehen und sie in ihrem Streben nach Befreiung zu stärken.

Es ist sogar gut, dass sich der Papst keiner bestimmten Art von Theologie verschreibt, wie etwa der Theologie der Befreiung, der Theologie des Volkes oder irgendeiner anderen. Seine beiden Vorgänger hatten eine ganz bestimmte Form von Theologie in ihrem Kopf und stellten diese als Ausdruck des offiziellen Lehramtes dar. In dessen Namen verurteilten sie viele Theologinnen und Theologen (etwa 500) während der mehr als zwanzig Jahre, in denen Kardinal Joseph Ratzinger der Kongregation für die Glaubenslehre als deren Präfekt vorstand. Die verschiedenen Arten von Verurteilungen oder Zensur schufen eine Atmosphäre des Misstrauens und der Angst im Inneren der Kirche, und das behinderte sowohl die theologische Reflexion als auch die pastorale Praxis.

Die Historiker wissen, dass der Begriff „Lehramt", der mit den Päpsten in Verbindung gebracht wird und auf den diese sich berufen, einer recht jungen Entwicklung entspringt. Der Begriff wurde zuerst von Papst Gregor XVI.

(1731–1846) und dann von Papst Pius X. (1903–1914) geprägt, und erst mit Papst Pius XII. (1939–1958) erlangte er allgemeine Anerkennung. Zuvor wurde das „Lehramt" von den Doktoren und Professoren der Theologie ausgeübt und nicht von den Bischöfen und dem Papst. Diese sind Meister des Glaubens, während die Theologen Meister des Glaubensverständnisses sind. Den Bischöfen und dem Papst fällt also nicht die Aufgabe zu, Theologie zu betreiben, sondern vielmehr den christlichen Glauben öffentlich zu bezeugen und mit Eifer für ihn einzustehen. Aufgabe der Theologinnen und Theologen hingegen war und ist es nach wie vor, dieses Glaubenszeugnis mit den intellektuellen Mitteln zu vertiefen, die die jeweilige Kultur bereitstellt.

Wenn Päpste Theologie betreiben, wie dies in jüngster Zeit der Fall war, dann weiß man nicht, ob sie nun als Papst oder als Theologe sprechen. Es entsteht eine große Verwirrung innerhalb der Kirche. Die Freiheit der Forschung geht verloren, und der Dialog mit den verschiedenen Wissensgebieten wird beeinträchtigt.

Gott sei Dank stellt sich Papst Franziskus selbst ausdrücklich als Hirte dar und nicht als Doktor und Theologe, und das wäre auch in dem Fall gut, wenn er ein Vertreter der Befreiungstheologie oder der Theologie des Volkes wäre. Auf diese Weise ist er selbst freier, vom Evangelium her, von seiner emotionalen und spirituellen Intelligenz her mit offenem und empfindsamem Herzen im Einklang mit der Welt zu sprechen, die heute eine planetarische Einheit geworden ist.

Papst Franziskus, stimme die Theologie in einem leiseren Ton an, damit die Befreiung umso lauter ertönt, als Trost für die Unterdrückten und als Appell an das Gewissen der Mächtigen. Dies ist es also, was wir uns wünschen: weniger Theologie und mehr Befreiung.

Papst Franziskus: ein engagierter Glaube ohne Furcht

Die Enzyklika *Lumen Fidei*, die vom zurückgetretenen Papst und von Papst Franziskus gemeinsam herausgegeben wurde, spielte in den Ansprachen des neuen Papstes in Brasilien keine Rolle. Sie zeigt nichts vom Stil und von der Tonlage des aktuellen Papstes. In Brasilien gab er Zeugnis vom christlichen Glauben ohne die theologischen Spitzfindigkeiten, die sich in *Lumen Fidei* finden. Er bediente sich einer direkten Sprache, mit der er Jugendliche und Intellektuelle gleichermaßen erreichte.

Dennoch werden wir über den Glauben aus einer sehr menschlichen Perspektive nachdenken, die auch von denen verstanden werden kann, die sich zu keinerlei Glauben bekennen. Viele dieser Leute gestanden öffentlich ein, dass der Glaube, so wie ihn Papst Franziskus repräsentiert, Respekt verdient und es wert ist, von einer modernen, von der Aufklärung geprägten Vernunft in Betracht gezogen zu werden.

Wir müssen jedoch zur Kenntnis nehmen, dass innerhalb der gesellschaftlichen und philosophischen Reflexion unserer Zeit die Frage nach dem Glauben nicht hoch im Kurs steht – im Gegensatz zu früher, als die Mehrzahl der Denker, die man den „Meistern des Verdachts" und der Aufklärung zurechnet, den Glauben unter Generalverdacht stellten, ihn als archaisches und mythisches Denken oder als die Weltanschauung eines abergläubischen

Volkes entlarvten, dem es an Einsicht fehle, ganz im Gegensatz zur wissenschaftlichen Erkenntnis.

Wie immer wir den Glauben auch deuten mögen: Wir kommen um die Tatsache nicht herum, dass er vorhanden ist und dass er Millionen von Jugendlichen aus aller Welt zur Teilnahme am Weltjugendtag mobilisiert hat, ganz abgesehen von den Tausenden von Menschen darüber hinaus, die kamen, um den Papst zu sehen. Ich vermute, dass keine andere Ideologie, kein anderes Anliegen und keine andere Führungsgestalt als eine religiöse es vermocht hätte, eine so große Schar von Leuten auf die Straßen zu locken. Kann man angesichts dessen wirklich aufrichtig behaupten, dass hier Entfremdung und archaisches Denken am Werk sind?

Dies führt uns dazu darüber nachzudenken, welche Bedeutung der Glaube im Leben der Menschen hat. Der berühmte Soziologe Peter L. Berger hat in seinem Buch *Auf den Spuren der Engel* gezeigt, dass es ein Irrtum ist zu meinen, die Säkularisierung habe die Religion und das Heilige aus der Gesellschaft verbannt. Beide haben neue Gestalt angenommen, aber sie waren stets am Werk, denn sie sind tief im Wurzelgrund des menschlichen Lebens selbst verankert.

Dass sich der Mensch eines Tages ganz vom Glauben verabschieden könnte, ist so unwahrscheinlich wie die Vorstellung, wir könnten, um keine chemisch verunreinigte und gentechnisch manipulierte Nahrung zu uns zu nehmen, ein für allemal ganz auf das Essen verzichten. Ich möchte den Glauben in seinem ursprünglichsten Sinne verstehen, noch vor allen Lehrinhalten, Dogmen und konkreten Religionen, denn auf diese Weise wird er in seiner ganzen anthropologischen Bedeutung sichtbar.

Es gibt eine Grundtatsache vor aller Reflexion, die der Existenz des Glaubens zugrunde liegt: das Grundvertrauen darauf, dass das Leben in einem fundamentalen Sinne gut ist. So viel Absurdität es auch gibt – und es gibt mehr als genug davon –, so glaubt der Mensch dennoch, dass es sich eher lohnt zu leben als zu sterben. Ich führe hierfür ein einfaches Beispiel an: Das Kind wacht mitten in der Nacht erschreckt auf. Es schreit nach der Mutter, denn der Albtraum und die Dunkelheit flößen ihm Furcht ein. Die Mutter nimmt es auf den Arm – es ist die Geste der Magna Mater –, liebkost es zärtlich und sagt zu ihm: „Liebling, hab keine Angst! Alles ist gut, alles ist in Ordnung." Das Kind fasst unter Schluchzen wieder Vertrauen und schläft bald wieder friedlich ein. Hat die Mutter nun das Kind getäuscht? Es ist nämlich nicht alles gut. Und dennoch spüren wir, dass die Mutter das Kind nicht belogen hat. Trotz aller Widersprüche gibt es ein Grundvertrauen darauf, dass eine grundlegende Ordnung die Wirklichkeit durchdringt. Sie verhindert, dass das Absurde die Oberhand gewinnt.

Glauben heißt, zur Wirklichkeit Ja und Amen sagen. Der Philosoph Ludwig Wittgenstein, der Begründer des Positivismus und Autor des berühmten Buches *Tractatus logico-philosophicus*, konnte sagen: „An einen Gott glauben heißt sehen, dass es mit den Tatsachen der Welt noch nicht abgetan ist." (Wittgenstein 1960, 166) Glauben heißt behaupten, dass das Leben Sinn hat. Genau das meint Glauben, wie ihn die Bibel versteht. Das hebräische Wort, von dem unser „Amen" („Genau so ist es") herstammt, *aman*, meint, auf festem Grund stehen und Vertrauen haben. Glauben haben heißt, fest darauf zu bauen, dass das Leben einen Sinn hat.

Dieser Glaube ist eine anthropologische Grundtatsache. Wir denken nicht über ihn nach, weil wir in ihm selbst leben: Es lohnt sich, zu leben und sich aufzuopfern, um einen Sinn zu verwirklichen, der die Mühe wert ist.

Wenn man sagt, dieser Sinn des Lebens sei *Gott*, dann ist das die Redeweise der Religionen. Dieser Sinn durchdringt die Menschen, die Gesellschaft und das gesamte Universum, trotz unserer zahllosen Fragen. Von Papst Franziskus stammt der Satz in der Enzyklika *Lumen Fidei*: „Der Glaube ist nicht ein Licht, das all unsere Finsternisse vertreibt, sondern eine Leuchte, die unsere Schritte in der Nacht leitet, und das ist genug für den Weg." (*Lumen Fidei*, Nr. 57)

Wenn man sagt, dass dieser Sinn, Gott, uns nahe gekommen ist und in Jesus von Nazaret unsere Menschengestalt angenommen hat, unser sterbliches Fleisch, dann ist das die Deutung des *christlichen Glaubens*. Im Namen dieses Glaubens an den hingerichteten und auferstandenen Jesus haben sich diese Tausende von Jugendlichen versammelt und kamen mehr als zwei Millionen Menschen zur Copacabana.

Einer der charakteristischen Züge des Charismas von Papst Franziskus ist sein kristallklarer Glaube, der ihn so frei von allem und furchtlos macht, dass er die Nähe zu den Menschen und insbesondere zu den Armen sucht. Das Gegenteil von Glaube ist nämlich nicht Atheismus, sondern Furcht. Der Papst vermittelt das, was den Glauben eigentlich ausmacht: das Gefühl, in der Hand Gottes zu sein. Dies ist der Archetyp des guten Vaters, der Orientierung gibt und Vertrauen schafft.

Der Papst hat einen wichtigen Aufruf an die Menschen in Brasilien gerichtet, der für viele Volksbewegungen ein wahrhaftiger Leitsatz werden kann: Der Glaube muss offene Augen für die Wunden der Armen haben, er muss ihnen nahe sein und er muss beherzt Hand anlegen, um die Ursachen, die diese Armut hervorbringen, auszurotten.

Im Verlauf der Reise des Papstes gab es überaus schöne Feiern und fromme Lieder. Doch man hörte die schönen

Lieder voller Engagement nicht, die Tausende von Basisgemeinden singen. Man hörte auch deren schöne Gesänge nicht, in denen vom Schrei der Opfer, von den ermordeten Indigenas und Bauern und vom Martyrium der Schwester Dorothy Stang[4] und des Padre Josimo[5] die Rede ist. Papst Franziskus legte den Akzent auf eine Verkündigung des Evangeliums, die in Einfachheit und Armut die Nähe zum Volk und zu den Armen sucht. Er sagte immer wieder: „Habt keine Furcht." Das Engagement für soziale Gerechtigkeit führt zu Konflikten, es fordert seine Opfer und beschwört Angst herauf, die im Glauben besiegt werden muss.

Kommen wir auf das Thema des menschlichen Glaubens zurück. Wie viele Menschen gibt es doch, die sich selbst als Atheisten oder Agnostiker bezeichnen und dennoch diesen Glauben haben, der einen Sinn des Lebens behauptet, und die sich dafür einsetzen, dass dieses Leben gerecht und solidarisch ist. Vielleicht bekennen sie sich nicht im religiösen und christlichen Sinne dazu. Darauf kommt es nicht an. Denn hier ist der Glaube an Gott und Jesus Christus als Grundlage vorhanden, ohne dass er als solcher benannt wird.

Dieser fundamentale Glaube setzt der Postmoderne in einem vulgären Verständnis Grenzen, die sich nicht für eine bessere Menschheit interessiert und kein solidari-

---

[4] Die Ordensschwester Dorothy Stang war im Amazonasgebiet, im brasilianischen Bundesstaat Pará, tätig. Sie setzte sich dort zusammen mit den Regenwaldbewohnern für eine nachhaltige Nutzung des Amazonas-Regenwaldes ein. Im Jahr 2005 wurde sie von gedungenen Mördern im Auftrag von Großgrundbesitzern erschossen. Vgl. dazu: Susin 2009.
[5] Der brasilianische Priester Padre Josimo war im Nordosten Brasiliens tätig und setzte sich dort im Rahmen der Landpastoral für eine Agrarreform ein. Ende der Achtzigerjahre wurde er von gedungenen Mördern im Auftrag von Großgrundbesitzern ermordet.

sches Engagement für das tragische Schicksal der Leidenden zeigt. Andere wiederum sehnen sich möglicherweise nach dem Glauben ihrer Kindertage zurück, wenn sie den Glaubenseifer der Jugendlichen und die Emotionen sehen, die sogar Tränen auslösen. Hieraus können Impulse erwachsen, die sie ermutigen, den grundlegenden menschlichen Glauben zu leben – und wer weiß, vielleicht öffnen sie sich sogar für den Glauben an einen Gott und an Jesus Christus. Er ist eine Gabe, doch eine Gabe, die man erwirbt. Und dann leuchtet ein umfassenderer Sinn für ein glücklicheres Leben auf.

Freiheit des Geistes und Vernunft des Herzens

Eine der großen Errungenschaften innerhalb des Entwicklungsprozesses der Person (der Psychoanalytiker C. G. Jung spricht von „Individuation") ist die Freiheit des Geistes. Sie ist die Fähigkeit zur Freiheit in einem zweifachen Sinn: Freiheit von Zwängen, Regeln, Normen und Vorschriften, die von der Gesellschaft und den Institutionen geschaffen wurden, um die Verhaltensweisen der Menschen zu normieren und ihre Persönlichkeit so zu formen, dass sie ganz bestimmten Zwecken gehorcht. Doch Freiheit des Geistes bedeutet auch, frei zu sein, um authentisch zu sein, um eigene Gedanken zu entwickeln und in Übereinstimmung mit seinem inneren Selbst zu handeln, das sich im Lauf des Lebens in Auseinandersetzung mit und in Spannung zu den äußeren Zwängen gebildet hat.

Das ist ein gewaltiger Kampf, denn wir wurden in bestimmte Verhältnisse hineingeboren, die nicht unserem Willen gehorchen. Wir gehören einer bestimmten Familie an, gehen in eine bestimmte Schule, haben einen bestimmten Freundeskreis, eine bestimmte Religionszugehörigkeit und leben innerhalb unserer jeweiligen Kultur. Das alles prägt unser Verhalten. All diese Instanzen funktionieren wie ein Über-Ich, sie können uns Schranken auferlegen und uns in manchen Fällen auch empfindlich beeinträchtigen. Natürlich haben diese Beschränkungen eine wichtige regulierende Funktion. Der Fluss gelangt nur dadurch zum Meer, dass er ein Flussbett hat und dass ihn Flussufer begrenzen. Doch die Begrenzungen können das Wasser auch in seinem Lauf behindern. Dann treten die Wasser über die Ufer und bilden stehende Gewässer und Tümpel.

Die Haltung und die überraschenden Verhaltensweisen, wie sie der Bischof von Rom (so nennt er sich selbst gern, während er aller Welt als der Papst bekannt ist) an den Tag legt, erinnern uns an das, was für die Freiheit des Geistes so bezeichnend ist.

Üblicherweise hat sich ein Kardinal, sobald er zum Papst gewählt war, den klassischen sakralen und hieratischen Stil der Päpste angeeignet. Das betraf die Kleidung, die Gesten, die Symbole der höchsten sakralen Gewalt, die Art zu sprechen. Franziskus tat in seiner erstaunlichen Freiheit des Geistes das Gegenteil: Er gab der Gestalt des Papstes ein persönliches Gepräge und behielt seine Gewohnheiten und Überzeugungen bei. Allgemein bekannt sind die radikalen Veränderungen, die er ohne viel Aufhebens einführte. Er entledigte sich aller Symbole der Macht. Insbesondere legte er das goldene, mit Edelsteinen besetzte Brustkreuz ab und befreite sich von der *Mozetta*, dem Mantel voller Brokat und Verzierungen, den seine Vorgänger noch trugen und der das Symbol der heidnischen römischen Kaiser gewesen war. Lächelnd sagte er zu seinem Sekretär, der ihm die Mozetta um die Schultern legen wollte: „Behalte das, der Karneval ist vorbei." Er kleidet sich in größter Schlichtheit und trägt lediglich ein weißes Gewand, darunter eine schwarze Hose, und schwarze Schuhe. Alle für den höchsten Hirten speziell geschaffenen Einrichtungen wie den Papstpalast lehnt er ab. Er wohnt stattdessen in Gästezimmern, wo er auch zusammen mit anderen seine Mahlzeiten einnimmt. Er beruft sich auf den armen Petrus, der nichts anderes als ein Fischer war, oder direkt auf Jesus, der dem portugiesischen Dichter Fernando Pessoa zufolge „nichts von Buchführung wusste und von dem nicht bekannt ist, dass er eine Bibliothek besessen hätte". Dieser Jesus war eher ein „Sonderling" und ein einfacher Bauer aus dem Mittelmeerraum. Papst Franziskus versteht sich als Nachfolger des Petrus und als Repräsentant Jesu. Er möchte nicht mit „Seine Heiligkeit" angeredet werden, denn er fühlt sich als „Bruder unter Geschwistern", und er leitet die Kirche nicht mit der unerbittlichen Strenge des Kirchenrechts, sondern in warmherziger Güte.

Auf seiner Brasilienreise hat er keine große Show gegeben. Hier wird seine Freiheit des Geistes sichtbar. Er wollte in einem ganz normalen Auto, einem überdachten Jeep, gefahren werden. Damit konnte er sich durch die Menschenmenge bewegen, anhalten, um Kinder zu umarmen, ein wenig Mate-Tee zu trinken und sein weißes Käppchen gegen einen leicht ramponierten Hut einzutauschen, der ihm von einem Gläubigen gereicht wurde. Während der offiziellen Begrüßungszeremonie durch die Regierung, die nach einem strengen Protokoll abzulaufen hat, umarmte er zur großen Bestürzung des Zeremonienmeisters Präsidentin Dilma Rousseff nach deren Ansprache herzlich. Man könnte noch eine Menge solcher Beispiele aufzählen.

Diese Freiheit des Geistes bewirkt ohne Zweifel eine Ausstrahlung von Zärtlichkeit und Kraft, jenen Eigenschaften, die so charakteristisch für Franz von Assisi sind. Der Papst ist eine Person, die sich durch große Integrität auszeichnet. Seine Haltung macht einen Menschen voller Klarheit und großer Zärtlichkeit sichtbar – eine Persönlichkeit, die in signifikanter Weise ihr tiefes inneres Selbst mit ihrem Selbstbewusstsein in Einklang brachte. Genau das erwarten wir von Führungspersönlichkeiten, insbesondere im Bereich der Religion. Der Papst strahlt eine gewisse Leichtigkeit und Sicherheit zugleich aus.

Diese Freiheit des Geistes wird noch vielfach verstärkt durch die Vernunft des Herzens, die er in so herrlicher Weise an den Tag legt. Die Mehrzahl der Gläubigen haben die dogmatischen Lehrsätze satt und sind skeptisch angesichts der Feldzüge gegen die vermeintlichen oder tatsächlichen Feinde des Glaubens. Wir alle sind zuinnerst geprägt von der intellektualistischen, instrumentellen, analytischen und an Effizienz orientierten Vernunft. Nun aber spricht jemand direkt zum Herzen, wie er es in seiner Rede in der Favela Varginha oder auf der Insel Lampedusa getan hat. Im Herzen liegt ein tiefes Gespür für den anderen und für Gott verborgen. Ohne Herz sind die Lehraussagen kalt und erwecken keine Leidenschaft. Den überlebenden Flüchtlingen aus Afrika gegenüber bekennt der Papst: „Wir sind eine Gesellschaft, die vergessen hat, wie man weint, wie man Mitleid empfindet. Die Globalisierung der Gleichgültigkeit beraubt uns der Fähigkeit zu weinen." Und voller Weisheit sagte er: „Die Größe einer Gesellschaft bemisst sich daran, wie sie mit den Bedürftigsten umgeht." Gemessen an diesem Maßstab ist diese Gesellschaft barbarisch, blutleer und grausam.

Die Vernunft des Herzens ist eher als jede gelehrte Doktrin imstande, den Traum Jesu zu entfalten, und sie macht aus dem wichtigsten Botschafter dieses Traums, Franziskus aus Rom, eine faszinierende Persönlichkeit, die die Herzen aller, nicht nur der Christen, berührt.

Das Erbe Jesu und das Christentum bei Papst Franziskus

Um das Christentum richtig zu verstehen, muss man einige Unterscheidungen treffen, wie sie heute von den meisten Theologen anerkannt werden. So muss man etwa zwischen dem *historischen Jesus* und dem *Christus des Glaubens* unterscheiden. Unter historischem Jesus versteht man den Wanderprediger und Propheten aus Nazaret, wie er wirklich unter Kaiser Augustus und Herodes lebte. Der Christus des Glaubens betrifft den Inhalt der Verkündigung der Jünger, die in ihm den Sohn Gottes und den Erlöser sahen.

Eine weitere wichtige Unterscheidung ist die zwischen *Reich Gottes* und *Kirche*. Reich Gottes ist das Schlüsselwort der ursprünglichen Botschaft Jesu. Es bedeutet eine absolute Revolution, die die Beziehungen des Menschen zu Gott (wir sind seine Kinder), mit den anderen (wir sind Geschwister), mit der Gesellschaft (die Armen stehen im Mittelpunkt) und mit dem Universum (ein neuer Himmel und eine neue Erde entstehen) neu definiert. Die Kirche wurde nur deshalb überhaupt möglich, weil Jesus auf Ablehnung stieß und damit sein Reich nicht verwirklicht wurde. Als die organisierte Gemeinschaft der Gläubigen ist die Kirche eine historische Konstruktion, mittels derer man versucht, die Sache Jesu in den verschiedenen Kulturen und zu allen Zeiten voranzubringen. Vorherrschend ist dabei die Verwurzelung der Kirche in der abendländischen Kultur. Doch sie fasste auch in der orientalischen, in der koptischen und in anderen Kulturen Fuß.

Dann ist es des Weiteren wichtig, zwischen der *Überlieferung Jesu* und der *christlichen Religion* zu unterscheiden. Die Überlieferung Jesu liegt den schriftlich verfassten Evangelien noch voraus, obwohl sie in diesen enthalten ist. Die Evangelien wurden mehr als 30 bis 60 Jahre nach der Hinrichtung Jesu geschrieben. In der Zeit dazwischen hatten sich bereits die ersten Gemeinden und Kirchen gebildet, in denen es Spannungen, interne Konflikte und unterschiedliche Organisationsweisen gab. Die Evangelien reflektieren diese Situation und ergreifen darin Partei. Sie wollen keine historischen Schriften sein, sondern Erbauungsbücher und Schriften zur Verbreitung des Lebens und der Botschaft Jesu als des Erlösers der Welt.

Was heißt nun innerhalb dieser reichlich komplizierten Geschichte Überlieferung Jesu? Es ist jener harte Kern, jener zentrale Inhalt, der uns wie in einer ihn äußerlich umgebenden Nussschale überliefert ist und der die ursprüngliche Absicht und Praxis Jesu *(ipsissima intentio et acta Iesu)* noch vor aller späteren Deutung umfasst. Dieser zentrale Inhalt kann folgendermaßen zusammengefasst werden:

An erster Stelle ist der Traum Jesu vom *Reich Gottes* als einer absoluten Revolution der Geschichte und des Universums zu nennen. Dieser Traum birgt Konfliktpotenzial in sich, denn er steht in diametralem Gegensatz zum Reich des römischen Kaisers. Seine persönliche Gotteserfahrung gab Jesus an die weiter, die ihm nachfolgten: Gott ist der liebe *Papi* (Abba) voller Liebe und Zärtlichkeit. Sein besonderes Merkmal ist die Barmherzigkeit, denn er liebt sogar die Übeltäter und Bösen (Lukas 6,35). Dann predigt und lebt er die *bedingungslose Liebe*, die denselben Rang innehat wie die Liebe zu Gott. Ein weiterer entscheidender Punkt ist, dass er den *Armen und Unsichtbaren* den zentralen Platz einräumt. Sie sind die ersten Adressaten und Bevorzugten des Reiches Gottes, nicht, weil sie moralisch besser wären, sondern weil ihnen das Leben vorenthalten wird, das der lebendige Gott ihnen schenken will. Unser Verhalten ihnen gegenüber entscheidet über unser künftiges Schicksal. Ein weiterer wichtiger Punkt ist die *Gemeinschaft*. Jesus wählte zwölf Menschen aus, mit ihm zu leben. Die Zahl Zwölf steht symbolisch für die zwölf Stämme Israels und die Gemeinschaft unter allen Völkern, aus denen das eine Volk Gottes wird. Und schließlich geht es um den Gebrauch der *Macht*. Nur jene Ausübung von Macht ist legitim, die *Dienst* ist, und der die Macht innehat, muss stets den letzten Platz aufsuchen.

Diese Werte und Visionen sind es, die die Überlieferung Jesu ausmachen. Es handelt sich also nicht um eine Institution, eine Lehre oder die Einhaltung einer bestimmten Disziplin. Jesus wollte zu leben lehren und keine neue Religion mit bestimmten Frömmigkeitsübungen und einer bestimmten institutionellen Verfasstheit gründen. Das Erbe Jesu ist ein guter Traum, ein spiritueller Weg, der vielerlei konkrete Gestalt annehmen und Anhänger auch außerhalb des kirchlichen Bereichs haben kann.

Dieses Erbe Jesu nun wurde im Lauf der Geschichte zu einer Religion, zur christlichen Religion, das heißt zu einer religiösen Organisation in Gestalt unterschiedlicher Kirchen, an erster Stelle der römisch-katholischen. Bezeichnend für diese Kirchen ist es, dass sie Institutionen mit einer bestimmten Lehre, einer bestimmten disziplinarischen Ordnung, bestimmten Moralvorschriften, Riten und einem bestimmten Kirchenrecht sind. Die römisch-katholische Kirche etwa organisierte sich um die zentrale Kategorie der heiligen Gewalt, der *sacra potestas*, in den Händen einer kleinen Elite, der Hierarchie mit dem Papst an der Spitze. Ausgeschlossen davon sind Laien, darunter die Frauen in ihrer Gesamtheit. Diese Hierarchie hat die

Entscheidungsgewalt in ihren Händen und hält das Monopol des Wortes inne. Die hierarchische Struktur schafft große Ungleichheit. Und diese Hierarchie hat sich mit dem Erbe Jesu gleichgesetzt.

Diese Art von historischer Überlieferung hat unter ihrer Asche einen großen Teil der Originalität und der Faszinationskraft des Erbes Jesu bewahrt. Deshalb befinden sich alle Kirchen in der Krise, denn sie sind nicht mehr wie in den ersten Tagen „Freude für das ganze Volk" (Lukas 2,11).

Jesus selbst hat diese Entwicklung vorausgeahnt und ermahnt, dass es wenig bringt, die Gesetze zu erfüllen, aber „sich nicht um das Wichtigste zu kümmern, nämlich um die Gerechtigkeit, die Barmherzigkeit und den Glauben; das ist es, worauf es ankommt, wobei man das andere nicht unterlassen soll" (Matthäus 23,23).

Heute müssen wir fragen: Was macht die Faszinationskraft des Auftretens und Redens von Papst Franziskus aus? Es ist die Tatsache, dass er direkt an das Erbe Jesu anknüpft. Er sagt klar, dass „die Liebe vor jedem Dogma und der Dienst an den Armen vor allen Lehren kommt" *(Civiltà Cattolica)*. Wenn diese Reihenfolge nicht eingehalten wird, dann verliert das Christentum „die Frische und den Wohlgeruch des Evangeliums" und wird zu einer Ideologie und zu einer dogmatischen Obsession.

Es gibt keinen anderen Weg, die verlorengegangene Glaubwürdigkeit der Kirche wiederzugewinnen, als den, zum Erbe Jesu zurückzufinden, so wie dies Papst Franziskus bekanntlich tut.

Papst Franziskus und die Überwindung des Heidentums in der Kirche

Die Neuerungen, die mit Papst Franziskus in Auftreten und im Reden Einzug hielten, haben in den Reihen der Konservativen, die die Anweisungen der beiden Vorgängerpäpste strikt befolgt haben, eine schwere Krise ausgelöst. Für sie war es nicht hinnehmbar, dass der Papst einen der Väter der verurteilten „Theologie der Befreiung", den Peruaner Gustavo Gutiérrez, in Privataudienz empfangen hat. Sie fühlten sich von der Aufrichtigkeit des Papstes vor den Kopf gestoßen, in der er Irrtümer in der Kirche und bei sich selbst eingestand, sie fühlten sich brüskiert, als er den Karrierismus vieler Prälaten anklagte und den höfischen, kriecherischen Geist vieler, die sich in Amt und Würden befinden, als „Aussatz" bezeichnete. Er nannte sie auch die „Vatikanozentriker". Was für sie wirklich skandalös war, war die von ihm vorgenommene Umkehrung der Reihenfolge, die die Liebe, die Barmherzigkeit, die Zärtlichkeit, den Dialog mit der Moderne und die Toleranz sogar gegenüber Geschiedenen, Homosexuellen und Nichtgläubigen an die erste Stelle rückte und der kirchlichen Lehre und Disziplin lediglich die zweite Stelle einräumte.

Man hat auch schon gehört, dass die Radikalsten unter ihnen „zum Wohl der Kirche" (jedenfalls zu ihrem eigenen Wohl) sinngemäß beten: „Herr, öffne ihm die Augen oder schließe sie ihm."⁶ Die Ausschaltung unbequemer Päpste ist in der langen Geschichte der Kirche nichts völlig Ungewöhnliches. Es gab eine Zeit, das sogenannte *saeculum obscurum*, das dunkle Zeitalter der Kirche, das man auch „pornokratisches Zeitalter" nannte (zwischen 882 und 1045), in dem fast alle Päpste vergiftet oder sonstwie ermordet wurden.

Die am meisten formulierte Kritik im Umfeld dieser rückwärtsgewandten Gruppen geht in die Richtung, dass man den jetzigen Papst beschuldigt, die Gestalt des Papstes selbst entsakralisiert, ja sogar banalisiert und säkularisiert zu haben. Doch in Wirklichkeit haben sie keine Ahnung von der Geschichte und sind Geiseln einer weltlichen Tradition, die mit dem historischen Jesus und mit dem Lebensstil der Apostel wenig zu tun hat. Sie hat vielmehr sehr viel zu tun mit der allmählichen Paganisierung und Verweltlichung der Kirche im Stile der heidnischen römischen Kaiser und der Renaissancefürsten, von denen viele Kardinäle waren.

Die Tore zu dieser Entwicklung wurden bereits vom römischen Kaiser Konstantin (274–337), der das Christentum anerkannte, und mit Kaiser Theodosius (379–395) aufgetan, der es zur offiziellen und einzigen Religion des Reiches erklärte. Der Verfall des imperialen Systems schuf die Bedingungen dafür, dass die Bischöfe, insbesondere der Bischof von Rom, Ordnungsfunktionen und Befehlsgewalt übernahmen. Das war in deutlicher Form bei Papst Leo I., dem Großen (440–461), der Fall, der auch zum Präfekten Roms ausgerufen wurde, um gegen die Hunnen Widerstand zu leisten. Später erreichte diese Entwicklung ihren Höhepunkt mit Papst Gregor VII. (1073–1085), der

---

⁶ Im portugiesischen Original steht hier ein Wortspiel: Herr, erleuchte *(ilumine)* oder beseitige *(elimine)* ihn; d. Übers.

die absolute Gewalt auf religiösem und auf weltlichem Gebiet an sich riss. Das war möglicherweise die größte Umwälzung im Bereich der Kirche.

Das immer noch dominierende imperiale, fürstliche und höfische Gebaren der Hierarchie, der Kardinäle und der Päpste geht besonders auf Papst Silvester (334–335) zurück. Zu seiner Zeit entstand eine Fälschung, die sogenannte „konstantinische Schenkung", mit dem Ziel, die päpstliche Gewalt zu stärken. Ihr zufolge hätte Kaiser Konstantin dem Papst die Stadt Rom und die westliche Reichshälfte zum Geschenk gemacht. Diese Fälschung, die von Kardinal Nikolaus von Kues (1400–1460) als solche entlarvt worden ist, beinhaltete auch die Benutzung der kaiserlichen Insignien und Gewänder (den Purpur), den Titel „Papst", den in Seide gefassten Hermelinumhang, den Hofstaat und Paläste als Residenz.

Dies ist der Ursprung der heutigen fürstlichen und höfischen Sitten der römischen Kurie, der kirchlichen Hierarchie, der Kardinäle und insbesondere der Päpste. Ihr Ursprung ist also der heidnische Stil der römischen Kaiser und der Prunk der Renaissancefürsten. Es hat also ein Prozess der Paganisierung und Verweltlichung der Kirche als hierarchischer Institution stattgefunden.

Diejenigen, die die Rückkehr zur rituellen Tradition wollen, die den Papst umgibt, sind sich dieses historischen Prozesses nicht einmal bewusst. Sie bestehen auf der Rückkehr zu etwas, das nicht durch das Sieb der Werte des Evangeliums und der Praxis Jesu geht.

Und was macht Papst Franziskus? Er stellt den wahren Stil des Papsttums und der gesamten Hierarchie wieder her, indem er sie mit dem Erbe Jesu und der Apostel verknüpft. In Wirklichkeit ist er es, der zur ältesten Tradition zurückkehrt und eine Entpaganisierung der Papsttums im Geiste des Evangeliums bewirkt, der so beispielhaft von dem gelebt wurde, der ihn inspiriert, nämlich von Franz von Assisi.

Die echte Tradition ist die, für die Papst Franziskus einsteht. Die Traditionalisten sind bloß Traditionalisten und eben nicht traditionsbewusst. Sie stehen dem Palast des Herodes und des Kaisers Augustus näher als dem Stall von Betlehem und dem Haus des Handwerkers aus Nazaret. Gegen sie zeugt die Praxis Jesu, gegen sie zeugen seine Worte über die Selbstentäußerung, die Einfachheit, die Demut und die Macht als Dienst und nicht die Macht, die die heidnischen Fürsten praktizieren: „… die Großen unterjochen und beherrschen; bei euch aber soll es nicht so sein. Der Größte sei wie der Geringste, und der befiehlt, wie der, der dient" (Lukas 22,26).

Papst Franziskus spricht aus dieser ursprünglichen und ältesten Tradition heraus, der Tradition Jesu und der Apostel. Deshalb verunsichert er die Konservativen, die ohne Argumente dastehen.

Was hat Papst Franziskus an Neuem gebracht?

Es ist riskant, jetzt schon eine Zwischenbilanz des Pontifikats von Papst Franziskus zu ziehen, denn die Zeit ist noch zu kurz, um sich einen Gesamteindruck zu verschaffen. Doch so wie man beim Lesen der Blindenschrift jeweils nur die erhabenen Punkte ertastet, können auch wir einige Dinge herausstellen.

Von der winterlichen Zeit der Kirche zum Frühling

Wir haben zwei Pontifikate hinter uns, deren Kennzeichen die Rückkehr zu einer großgeschriebenen Disziplin und zur Kontrolle der Lehrinhalte war. Eine solche Strategie führte zu einer winterlichen Zeit, in der viele Initiativen einfroren. Mit Papst Franziskus, der von außerhalb der alten europäischen Christenheit, aus der Dritten Welt, kommt, hielten Hoffnung, erleichtertes Aufatmen und die Freude daran, den Glauben zu leben und zu denken, Einzug.

Von einer Festung zu einem offenen, gastfreundlichen Haus

Die beiden Vorgängerpäpste hinterließen den Eindruck, dass die Kirche eine Festung umlagert von Feinden sei, gegen die wir uns verteidigen müssen. Diese Feinde sind vor allem der Relativismus, die Moderne und die Postmoderne. Papst Franziskus hat deutlich gesagt: Wer sich der Kirche nähert, muss offene Türen vorfinden und keine Wächter einer Glaubensburg. „Besser ist eine Kirche, der ein Unglück zugestoßen ist, weil sie sich auf die Straße hinaus gewagt hat, als eine kranke und an Erstickung zugrunde gegangene Kirche, weil sie im Gotteshaus blieb." Also mehr Vertrauen und weniger Angst.

Vom Papst zum Bischof von Rom

Alle Vorgänger verstanden sich als Päpste der universalen Kirche und Inhaber der höchsten Gewalt über alle übrigen Kirchen und alle Gläubigen. Franziskus bezeichnet sich selbst lieber als Bischof von Rom und knüpft so wieder an die älteste Tradition der Kirche an. Er will sein Leitungsamt in Liebe ausüben und nicht mit den Mitteln des Kirchenrechts, und er will nur der Erste unter Gleichen sein. Er lehnt den Titel „Seine Heiligkeit" ab, denn er sagt, „wir sind alle Brüder und Schwestern". Er entledigte sich aller Ehrentitel und aller Titel, die eine Machtanmaßung zum Ausdruck bringen. Im neuen päpstlichen Jahrbuch, dessen erste Seite den Namen des Papstes mitsamt all seinen Titeln aufführt, steht jetzt nur noch schlicht: *Franziskus, Bischof von Rom*.

Vom Palast zum Gästehaus

Der Name Franziskus ist mehr als nur ein Name. Er verweist auf ein anderes Konzept von Kirche auf der Linie des hl. Franziskus. Es geht um „eine arme Kirche für die Armen", wie der Papst es selbst sagte, um eine demütige, einfache Kirche, die den Stallgeruch der Schafherde an sich trägt und nicht den Blumenduft des Altarschmucks. Deshalb ist er vom päpstlichen Palast ausgezogen und wohnt in einem Gästehaus, in einer einfachen Wohnung, und er nimmt seine Mahlzeiten zusammen mit den anderen Gästen ein.

Von der Doktrin zur Begegnung

Der Papst präsentiert sich selbst nicht als Lehrer, sondern als Hirte. Sein Reden entstammt der Nähe zu den Menschen, der Begegnung mit den Flüchtlingen aus Afrika auf der Insel Lampedusa. Er klagt den Fetischismus des Geldes und ein Weltfinanzsystem an, das ganze Länder opfert. In dieser Haltung entspricht er den wichtigsten Einsichten der Theologie der Befreiung, ohne dass er sie ausdrücklich erwähnen muss. Er sagt: „Wenn ein Christ heute kein Revolutionär ist, dann ist er kein Christ. Er muss ein Revolutionär der Gnade sein." Und weiter: „Es ist für den Christen eine Verpflichtung, sich politisch zu engagieren. Denn die Politik ist eine der höchsten Ausdrucksformen der Nächstenliebe." Und zur argentinischen Präsidentin Kirchner sagte er: „Zum ersten Mal haben wir einen peronistischen Papst." Denn er machte niemals ein Geheimnis aus seiner Vorliebe zu jener Strömung des Peronismus, in deren Zentrum der Gedanke der Gerechtigkeit steht. Die früheren Päpste stellten die Politik unter Generalverdacht aus Furcht, der Glaube könnte möglicherweise als Ideologie missbraucht werden.

Von der Ausschließlichkeit zur Integration

Die früheren Päpste, vor allem Benedikt XVI., betonten die Exklusivität der katholischen Kirche als einziger Erbin Christi, außerhalb derer man die ewige Verdammnis riskiert. Franziskus, der Bischof von Rom, gibt dem Dialog zwischen den Kirchen in einer Perspektive der Integration und auch dem Dialog mit den anderen Religionen den Vorrang, um den Aufbau des Weltfriedens zu fördern.

Von der Kirche zur Welt

Die Vorgängerpäpste stellten die Kirche in den Mittelpunkt und stärkten ihre Institutionen und Lehren. Für Papst Franziskus hingegen sind die Welt, die Armen, die Erhaltung der Erde und die Sorge um das Leben die entscheidenden Fragen. Es geht ihm um die Frage: Wie können die Kirchen dazu beitragen, die Lebensfähigkeit der Erde und die Zukunft des Lebens zu bewahren?

Wie man sieht, ist das ein neues Klima, eine neue Musik, es sind neue Worte für alte Probleme, die den Gedanken an einen neuen Frühling für die Kirche zulassen.

Die Brasilienreise des Papstes und was davon bleibt

Es ist nicht leicht, in wenigen Worten die wichtigsten Akzente zusammenzufassen, die Papst Franziskus in Brasilien gesetzt hat. Ich werde einige davon herausstellen, auch unter der Gefahr, dass ich dabei andere wichtige Dinge außer Acht lasse.

Das Wichtigste war das Auftreten des Papstes selbst: Er kam als ein demütiger Diener des Glaubens, der sich jeglichen Machtapparats entledigt hat, der berührte und sich berühren ließ, die Sprache der Jugendlichen sprach und sehr aufrichtig bestimmte Wahrheiten formulierte. Er repräsentierte die edelste Form einer Führungsgestalt, nämlich einen Dienenden, der sich nicht auf sich selbst bezieht, sondern in Zärtlichkeit und Fürsorge auf die anderen und dabei Hoffnung und Vertrauen auf die Zukunft weckte.

In politischer Hinsicht fand er ein Land vor, das von den zahlreichen Demonstrationen Jugendlicher erschüttert war. Er trat für deren Utopie und für ihr Recht ein, angehört zu werden. Er vertrat eine humanistische Sicht von Politik, Wirtschaft und Bekämpfung der Armut. Mit harten Worten ging er mit einem Finanzsystem ins Gericht, das in zweierlei Richtung zum Ausschluss führt: Es schließt die Alten aus, weil sie nicht produktiv sind, und die Jungen, indem es ihnen keine Arbeitsplätze anbietet. Die Alten können ihre Erfahrung nicht mehr weitergeben, und den Jungen nimmt man die Möglichkeit, die

Zukunft aufzubauen. Eine solche Gesellschaft kann zusammenbrechen.

Das Thema einer Ethik, die in der transzendenten Würde der Person ihre Grundlage hat, bildete einen roten Faden. Im Hinblick auf die Demokratie prägte der Papst den Ausdruck „soziale Demut". Damit ist die Begegnung auf Augenhöhe, unter Gleichen, und nicht von oben herab, gemeint. Er wies auf eine immer mögliche Entscheidung jenseits von egoistischer Gleichgültigkeit und gewaltsamem Protest hin: auf den konstruktiven Dialog. Drei Begriffe tauchten immer wieder auf: Dialog als Konfliktlösungsmethode, die zwischenmenschliche Nähe jenseits jeglicher Bürokratie und die Kultur der Begegnung. Alle haben etwas zu geben und etwas zu empfangen. „Heute setzt man entweder auf die Kultur der Begegnung oder es verlieren alle."

Auf religiösem Gebiet waren seine Worte überaus fruchtbar und direkt. Er stellte fest, dass „Jugendliche den Glauben an die Kirche, ja sogar an Gott verloren haben, weil Christen und die Diener des Evangeliums unglaubwürdig sind". Die strengste Rede war den lateinamerikanischen Bischöfen und Kardinälen, genauer dem CELAM, das heißt dem lateinamerikanischen Bischofsrat, gewidmet. Er stellte fest und schloss dabei sich selbst mit ein, dass die Kirche in ihrer Weise, in der Welt gegenwärtig zu sein, rückständig ist. Er rief dazu auf, nicht nur allen die Türen zu öffnen, sondern selbst in die Welt hinauszugehen und sich an die „Ränder des Lebens" zu begeben. Er kritisierte die „fürstliche Psychologie" der Mitglieder der kirchlichen Hierarchie. Sie müssten vielmehr sowohl in ihrer inneren Haltung als auch in ihrem äußerlichen Gebaren arm sein. Die Pastoral muss von zwei Hauptlinien strukturiert werden: von der *Nähe* zum Volk jenseits aller organisatorischen Bedenken und von der *Begeg-*

nung, die von zärtlicher Zuwendung geprägt sein muss. Er sprach sogar von einer notwendigen „Revolution der Zärtlichkeit", und er zeigte auch, dass er diese persönlich lebt. Er versteht die Kirche als eine Mutter, die in die Arme schließt, streichelt und liebkost. Die Hirten müssen diese mütterliche Haltung den Gläubigen gegenüber kultivieren. Die Kirche darf nicht Kontrolleurin und Verwalterin sein, sie muss vielmehr Dienerin und Helferin werden. Mit Nachdruck betonte er, dass der Ort des Hirten nicht in der Mitte, sondern am Rand ist. Er rückte die Laien in den Mittelpunkt, die zusammen mit den Hirten über den Weg der Gemeinde entscheiden sollen.

Im Hinblick auf den *Dialog mit der modernen Welt und der Vielfalt der Religionen* legte der Papst keinerlei Scheu an den Tag. Er will den Austausch pflegen und sich mit einem tiefen Sinn für Solidarität denen verpflichten, denen Nahrung und Bildung vorenthalten wird. Alle Glaubensrichtungen müssen zusammenarbeiten und sich für die Opfer engagieren. Es hat wenig Bedeutung, ob die Hilfe von einem Christen, einem Juden, einem Muslim oder anderswoher kommt. Keine Glaubensgemeinschaft kann in Ruhe verharren, wenn sie den Schrei der Enterbten dieser Erde vernimmt. Dies begründet eine Ökumene der Tat aller im Dienst am anderen.

An die *Jugendlichen* wandte er sich mit Worten voller Begeisterung und Hoffnung. Gegen eine Kultur des Konsumismus und der Entmenschlichung rief er dazu auf, dass sie „Revolutionäre" und „Rebellen" sein mögen. Die Jugendlichen sind das Fenster, durch das die Zukunft hereinbricht. Er kritisierte den restaurativen Geist einiger Gruppen, aber auch den Utopismus anderer. Er legte den Akzent auf das Heute: „Mit dem Heute steht das ewige Leben auf dem Spiel." Stets forderte er sie zur Begeisterung, zur Kreativität und dazu auf, in die Welt zu gehen und die von Großzügigkeit und Menschlichkeit geprägte Botschaft Jesu zu verbreiten, von dem Gott, der die Nähe gelebt hat und Begegnung mit den Menschen pflegte.

An der Abschlussfeier nahmen mehr als drei Millionen Menschen teil. Es herrschte eine fröhliche, festliche Stimmung, und dabei spielte sich alles in absoluter Ordnung ab. Eine Aura des Wohlwollens, des Friedens und des Glücks senkte sich auf Rio de Janeiro und ganz Brasilien herab, die nichts anderes als die Ausstrahlung des zärtlichen, geschwisterlichen Papstes Franziskus und jenes Gottempfindens sein konnte, das er zu vermitteln versteht.

Ist die römische Kurie reformierbar?

Die römische Kurie meint alle Gremien, die den Papst darin unterstützen, von den 44 Hektar um den Petersdom aus (dem Vatikanstaat) die weltweite Kirche zu lenken. Sie hat mehr als dreitausend Angestellte. Sie nahm ihren Anfang im 12. Jahrhundert und war damals noch klein. Doch unter Papst Sixtus V. hat sie sich im Jahr 1588 zu einem Expertengremium gewandelt, das dafür geschaffen wurde, der Reformation unter Luther, Calvin und anderen die Stirn zu bieten. Papst Paul VI. und danach Papst Johannes Paul II. unternahmen im Jahr 1967 bzw. 1998 den Versuch einer Kurienreform – doch vergeblich.

Die Kurie wird als einer der konservativsten Verwaltungsapparate der Welt angesehen. Sie verfügt über eine solche Machtfülle, dass sie es schaffte, die Veränderungsversuche zweier Päpste hinauszuzögern, ins Leere laufen und in den Schubladen verschwinden zu lassen. Ebenso gelang es ihr, die progressive Stoßrichtung des Zweiten Vatikanischen Konzils (1962–1965) zu blockieren.

Diesen Kurs verfolgt sie unbeirrt, als arbeitete sie nicht für die Gegenwart, sondern für die Ewigkeit. Die moralischen und Finanzskandale in ihrem Dunstkreis waren jedoch von einem solchen Ausmaß, dass sie zu einem empörten Aufschrei in der ganzen Kirche führten. Diese Kirche verlangt nach Reformen, und deren Durchführung ist Teil der Aufgabe des neuen Papstes Franziskus. Der inzwischen leider verstorbene exzellente Vatikankenner Giancarlo Zizola schrieb: „Im Lauf von vier Jahrhunderten ist das revolutionäre Erbe des Urchristentums fast völlig verschwunden, und sie hat sich als eine konterrevolutionäre Vereinigung etabliert." Sie negiert alles Neue, was sich regt. In einer Rede vor den Mitgliedern der Kurie am 22. Februar 1975 bescheinigte Papst Paul VI. der Kurie sogar, „eine Haltung der Arroganz und der Überheblichkeit gegenüber dem Bischofskollegium und dem ganzen Volk Gottes" an den Tag gelegt zu haben.

Wird es Papst Franziskus in einer Kombination von franziskanischer Sensibilität und jesuitischer Gründlichkeit gelingen, die Kurie zu reformieren? Er war weise genug, acht erfahrene Kardinäle aus allen Kontinenten um sich zu versammeln, die ihn bei dieser Herkulesaufgabe der notwendigen Selbstreinigung unterstützen sollen.

Hinter all dem verbirgt sich ein historisch-theologisches Problem, das die Reform der Kurie erheblich erschwert. Zwei sich widersprechende Sichtweisen bilden dieses Dilemma: Einerseits kam es nach der Proklamation der Unfehlbarkeit des Papstes (1870) und der ihr vorausgegangenen Romanisierung (Uniformierung) der ganzen Kirche zu einer höchstmöglichen Konzentration der Machtfülle an der Spitze der Pyramide: dem Primat des Papstes, der die „höchste, volle, unmittelbare" Macht ausübt (Kodex des Kanonischen Rechts, Kanon 331). Das bedeutet, dass ihm alle Entscheidungsgewalt zukommt – eine Last, die von einer einzelnen Person kaum getragen werden kann, selbst dann nicht, wenn sie mit der Fülle absolutistischer monarchischer Gewalt ausgestattet ist. Eine Dezentralisierung kann nicht akzeptiert werden, denn dies würde die höchste Macht des Papstes mindern. Die Kurie schließt ihre Reihen nun um den Papst, der auf diese Weise zu ihrem Gefangenen wird. Sie blockiert alle Initiativen, die den traditionellen Kreisen zuweilen unangenehm werden könnten, oder verschleppt ein entsprechendes Vorhaben ganz einfach so lange, bis es in Vergessenheit gerät.

Auf der anderen Seite weiß man um die Last des monarchisch verfassten Papsttums und versucht, die Bischofssynode wiederzubeleben – jene kollegiale Instanz, die vom Zweiten Vatikanischen Konzil geschaffen wurde, um den Papst bei der Leitung der Weltkirche zu unterstützen. Doch unter den Päpsten Johannes Paul II. und Benedikt XVI. wurde dieses Gremium, das der Zentralisierung der Macht Roms entgegenwirken sollte, aufgrund des Drucks der Kurie auf eine bloß beratende Funktion ohne Mitbestimmungsmöglichkeit beschränkt. Die Bischofssynode wird alle zwei bis drei Jahre einberufen, hat aber faktisch keinen Einfluss auf die Kirche.

Alles deutet darauf hin, dass Papst Franziskus vorhat, ein Gremium ins Leben zu rufen, um mit diesem gemeinsam die Kirche zu leiten. Die acht in seine Kommission berufenen Kardinäle sollen unter seiner Führung die Reform der Kurie einleiten. Wir hoffen, dass er dieses Gremium um einen Kreis von Personen erweitert, die nicht nur der Hierarchie angehören, sondern aus dem Volk Gottes kommen, und dass er dabei auch Frauen mit einbezieht, die ja schließlich die Mehrheit der Kirche bilden. Eine solche Vorgehensweise scheint durchaus möglich zu sein.

Nach Meinung von Vatikankennern und auch einiger führender Persönlichkeiten wäre es die beste Weise, die Kurie zu reformieren, ihre Aufgaben zu dezentralisieren. Wir leben in der Zeit der Globalisierung und der elektronischen Kommunikation in Echtzeit. Wenn sich die Kirche dieser neuen Zeit anpassen will, dann tut sie das am besten, indem sie ihre Organisationen einem revolutionären Wandel unterzieht. Warum zum Beispiel sollte die Kongregation für die Evangelisierung der Völker nicht nach Afrika verlegt werden, die für den interreligiösen Dialog nach Asien oder die für Frieden und Gerechtigkeit nach Lateinamerika? Das Sekretariat zur Förderung der Einheit der Christen könnte seinen Sitz in Genf haben, dort, wo auch der Ökumenische Rat der Kirchen beheimatet ist. Einige Abteilungen mit entsprechenden direkten Aufgaben könnten im Vatikan verbleiben. Dank der Möglichkeit von Videokonferenzen und modernen Kommunikationsmöglichkeiten wie Skype u. a. könnten die unterschiedlichen Kongregationen in unmittelbarem Kontakt miteinander stehen. Damit könnte man die Entstehung einer Gegenmacht verhindern. Gerade darin ist ja die Kurie, wie sie jetzt besteht, Expertin. Diese Dezentralisierungsmaßnahmen könnten aus der abendländischen Kirche eine echte Weltkirche machen.

Der Papst bittet uns um unser Gebet. Und wir haben tatsächlich allen Grund zu beten, damit sein Wunsch zum Wohl aller Christen und aller, die der Kirche nahestehen, Wirklichkeit werde.

Ein Konzil der gesamten Christenheit?

Wir haben im Jahr 2013 den fünfzigsten Todestag von Papst Johannes XXIII. (1881-1963) begangen. Er ist wohl der bedeutendste Papst des 20. Jahrhunderts. Ihm verdanken wir die Erneuerung der katholischen Kirche, durch die sie ihren Platz innerhalb der modernen Welt finden sollte. Ohne Vorankündigung eröffnete er am 25. Januar 1959 den erstaunten Kardinälen in der Benediktinerabtei St. Paul vor den Mauern, dass er ein ökumenisches Konzil einberufen wolle. Von sich aus hatte er die Lage der Welt und der Kirche einer kritischen Analyse unterzogen und festgestellt, dass wir uns in einer neuen Phase befänden: in der Moderne, die von Wissenschaft und technischem Fortschritt geprägt ist, die Freiheiten und Rechte einklagt. Die Kirche hatte innerhalb dieser neu aufbrechenden Wirklichkeit ihren Standort in positiver Weise neu zu bestimmen. Bis dahin war ihre Haltung von Misstrauen und Verurteilung bestimmt. Der Papst erkannte, dass dieses Verhalten die Kirche in die Isolation führen und in einen destruktiven Stillstand münden würde.

Er wiederholte den alten Satz: *Vox temporis vox Dei*: Die Stimme der Zeit ist die Stimme Gottes. Damit wollte er keineswegs sagen, „dass alles in der Welt, wie sie sich heute zeigt, das Wort Gottes ist. Es heißt vielmehr, dass alles eine Botschaft von Gott in sich birgt. Ist es gut, so sollten wir dem folgen. Ist es schlecht, so sollten wir es ändern."

Das Zweite Vatikanische Konzil fand also tatsächlich in Rom statt (1962-1965). Johannes XXIII. eröffnete es zwar, doch er starb vor seinem Abschluss. Doch sein Geist war es, der das Ereignis insgesamt prägte. Bis heute noch sind die Auswirkungen zu spüren.

Das Konzil hatte zwei Hauptthemen: das *Aggiornamento* und das *Hirtenamt*. Aggiornamento bedeutet, das Neue zu bejahen und die Kirche in ihrer Art zu sprechen, in ihrer Struktur und in der Art und Weise, wie sie sich der Welt präsentiert, zu erneuern. Es ging also nicht darum, das Neue und eine neue Art von Theologie zu verurteilen, wie dies zuvor oft allzu deutlich der Fall war. An die Stelle von Lehrsätzen traten der Dialog, das gegenseitige Lernen und der gemeinsame Austausch.

Vielleicht bringt die folgende Aussage Johannes' XXIII. seine Geisteshaltung gut auf den Punkt: „Das Leben eines Christen ist keine Antiquitätensammlung. Es geht nicht darum, ein Museum oder eine Lehrveranstaltung über die Vergangenheit zu besuchen. Das kann zweifellos von Nutzen sein – so, wie man auch ein altes Denkmal besichtigt. Aber es reicht nicht aus. Leben heißt Fortschritte machen, das Beste aus der Praxis und aus der Erfahrung der Vergangenheit auszuwählen und stets vorwärtszuschreiten auf dem Weg, den unser Herr uns weist." Und in der Tat hat das Konzil die Kirche mit der modernen Welt in Beziehung gesetzt, indem es an deren Schicksal und Leistungen Anteil nahm. Der Kirche Lateinamerikas wurde bald bewusst, dass es nicht nur die Welt der Moderne gibt, sondern auch eine andere Welt, von der auf dem Konzil wenig die Rede war. Bei den Generalversammlungen der lateinamerikanischen Bischöfe in Medellín (Kolumbien) und Puebla (Mexiko) in den Jahren 1968 bzw. 1979 erkannte man, dass die Sendung der Kirche innerhalb dieser „Unterwelt" von Armut und Unterdrückung darin bestand, die soziale Gerechtigkeit zu fördern und die Befreiung voranzutreiben.

Seit dem Konzil sind nun fünfzig Jahre vergangen. Die Welt insgesamt und auch diese andere Welt, die an Ausbeutung und Unterdrückung leidet, haben sich seither stark verändert. Neue Herausforderungen sind entstanden: die ökonomisch-finanzielle Globalisierung und in deren Folge die Entstehung eines neuen, planetarischen Bewusstseins; die Auflösung der Sowjetunion samt ihrer Machtsphäre; neue Formen sozialer Kommunikation (Internet, soziale Netzwerke etc.), die die Welt vereinen, das Schwinden der Artenvielfalt; die Entstehung eines Bewusstseins von den Grenzen der Erde und der Möglichkeit der Auslöschung der Spezies Mensch und ihres planetarischen Projektes.

Das Zweite Vatikanische Konzil konnte mit seinen Denkkategorien diesen neuen und bedrohlichen Realitäten noch nicht gerecht werden. Alles deutet auf die Notwendigkeit eines neuen ökumenischen Konzils hin. Nun ist es aber nicht mehr damit getan, nur die Bischöfe der katholischen Kirche zu versammeln. Die drohenden Gefahren betreffen das Christentum und all seine Kirchen insgesamt. Wenn wir das Leben auf diesem Planeten retten wollen, dann müssen wir ein Bündnis zwischen den Kirchen, den Religionen und den Wissenschaften ernsthaft anstreben, wie es der Biologe E. Wilson vorgeschlagen hat. Welchen Beitrag können die religiösen Kräfte dazu leisten, dass wir noch eine Zukunft haben? Es geht einzig und allein darum, dass das Leben auf der Erde fortbesteht. Wenn alles verschwindet, wird alles sinnlos. Christen müssen das, was sie unterscheidet, vergessen, auf wechselseitige Polemik verzichten und sich in dieser lebensrettenden Mission vereinen.

Papst Franziskus wäre in der Lage, die Christen und Christinnen aller Konfessionen zusammenzubringen. Mit Unterstützung von renommierten, auch nichtreligiösen

Wissenschaftlern könnten wir die Art von Zusammenarbeit identifizieren, die in Einklang mit dem neuen Bewusstsein steht: dem Bewusstsein des Respekts, der Ehrfurcht vor und der Achtsamkeit für alle Ökosysteme, des Mitgefühls und der Solidarität, einer „Kultur des Genug" und der uneingeschränkten Verantwortung füreinander, weil wir alle aufeinander angewiesen sind.

Mit seiner Lebens- und Denkweise erweckte der Papst in uns allen die empfindsame, spirituelle Vernunft des Herzens. Zusammen mit der intellektuellen Vernunft werden wir dieses einzigartige Gemeinsame Haus, das uns vom Universum und von Gott überlassen wurde, beschützen, für es sorgen und es lieben. Nur auf diese Weise werden wir unser Weiterleben auf dieser Erde sichern.

Der Papst einer Kirche, die zur spirituellen Heimat wird

Der heilige Bonaventura, ein franziskanischer Theologe und Mystiker und zugleich einer der Biografen des heiligen Franziskus, nannte denselben einen morgendlichen Menschen, der sich die Unschuld des Paradieses bewahrte und den man deshalb auch einen „Mann aus einer anderen Welt" nennen könnte. Heute würden wir sagen, dass Franziskus einem anderen Paradigma von Kirche und der Kultur insgesamt entsprach. Dieses Paradigma könnte man mit den Stichworten Achtsamkeit, Einfachheit, Armut, Geist der Geschwisterlichkeit mit allen Lebensformen der Natur, Genügsamkeit des Teilens sowie grenzenloses Mitleid mit den Armen und Leidenden dieser Welt beschreiben.

Dies wäre eine Kultur der freiwilligen Einfachheit, eine Kultur des Genug und des Teilens, der Liebenswürdigkeit allen gegenüber und eben keine Unkultur der Güteranhäufung, sondern der Solidarität, des Respekts und der Liebe zur Mutter und Schwester Erde sowie zu den geschwisterlich miteinander verbundenen Menschen. Sie würden sich als Söhne und Töchter der Freude und nicht als Gefangene ihrer Bedürfnisse empfinden.

In Franziskus strömten eine unbändige Lebensfreude und ein Entzücken über die Schönheit der Schöpfung über. Er war leichten Herzens und legte die Heiterkeit dessen an den Tag, der bereits an den Gaben des Reiches Gottes teilhat. In seiner *Göttlichen Komödie* nennt Dante ihn

„Sonne von Assisi", weil er einen solchen Glanz ausstrahlt.

Franziskus wollte eine Kirche an der Basis, eine Kirche mit den Armen und Unsichtbarsten. Das waren zu seiner Zeit die Leprakranken. Deshalb musste das eine Kirche sein, die auf jegliche Macht und jedes Gepränge verzichtet. Er erkannte, dass eine Kirche, deren Strukturprinzip die Macht – wenn auch eine sakrale – ist, die Armen letztlich verlieren würde, denn sie würde sich sehr schnell mit anderen Machthabern verbünden und die Armen an die zweite Stelle rücken. Deshalb ist die vorrangige Option für die Armen, gegen die Armut und für Gerechtigkeit und Leben so wichtig. Wenn sie auf der Seite der Armen steht, aber von diesem Standpunkt aus offen für alle ist, wird sie zur Tradentin des Erbes des historischen Jesus, der selbst arm war und die Armen zu den ersten Adressaten seiner Botschaft machte.

Franziskus gelang es, in seinem Leben die Synthese zwischen den kühnsten Träumen und dem trüben Einerlei des Alltags herzustellen. Er vereinte in sich die höchsten Gipfel und die tiefsten Abgründe des menschlichen Daseins. Er wurde zum Archetyp der ganzen Menschheit. Deshalb gehört er weder allein der Kirche noch dem Franziskanerorden. Er gehört vielmehr der ganzen Menschheit. Er ist eine Gabe, die Gott uns schenkte, damit wir unser Leben so lieben, wie es ist, mit seinen hellen und dunklen Seiten, aber dazu berufen, sich zu verwandeln, sich ohne Grenzen stets mehr zu vermenschlichen und dabei zwei Leidenschaften zu entfalten: die Leidenschaft für Gott, der sich im armen Jesus Christus offenbart hat, und die Leidenschaft für die Menschen, insbesondere für die ärmsten und am meisten unterdrückten.

Franziskus vermittelt uns inmitten der Ängste angesichts dieser kritischen Situation, in der sich die Erde, das

Leben und die Menschheit befinden, die Gewissheit, dass die Sonne, die strahlend und in ihrem Glanz stets von Neuem aufgeht, die Felder, die sich immer wieder neu mit bunten Blumen schmücken, wir selbst, die wir einander immer wieder die Hände reichen, und jedes neu geborene Kind Zeichen dafür sind, dass Gott immer noch an seine Schöpfung und an jeden Einzelnen von uns glaubt.

Als der „souveräne Liebhaber des Lebens" (Weisheit 11,24) wird er nicht zulassen, dass unser Leben vernichtet und unser Gemeinsames Haus, die Erde, so sehr verwüstet wird, dass es uns nicht mehr beherbergen und uns nicht mehr in großzügiger Weise all das darbieten kann, was wir brauchen.

Papst Franziskus fügt sich selbst in diesen bunten Regenbogen von Ideen und Träumen ein, die so sehr verwandt sind mit der Botschaft Jesu von einem Reich Gottes, des Gottes der Liebe, der Gerechtigkeit, des Mitleids, des Friedens und einer frohen Botschaft für alle.

Deshalb ist er ein neuer Hoffnungsschimmer, ein Zeichen dafür, dass es plötzlich Frühling werden kann in der Kirche, mit aller Lebenskraft und allem Glanz. Auf diese Weise wird die Kirche ihre Glaubwürdigkeit wiedergewinnen und zum Sakrament der Befreiung werden für so viele Menschen, die unter vielfachen Formen der Unterdrückung leiden. Für die Unterdrückten nämlich kam Jesus hauptsächlich in die Welt, für sie gab er sein Leben hin, und er hofft, dass derjenige, der ihn an der Spitze der Kirche bezeugt, diese Unterdrückten im Glauben und in der Hoffnung bestärkt.

Anhang

Der Sonnengesang des Franz von Assisi

Höchster, allmächtiger, guter Herr,
dein sind das Lob,
die Herrlichkeit und Ehre und jeglicher Segen
Dir allein, höchster, gebühren sie,
und kein Mensch ist würdig, dich zu nennen.

Gelobt seist du, mein Herr,
mit all deinen Geschöpfen,
zumal dem Herrn Bruder Sonne,
welcher der Tag ist und durch den du uns leuchtest.
Und schön ist er und strahlend mit großem Glanz:
Von dir, höchster, ein Sinnbild.

Gelobt seist du, mein Herr,
durch Schwester Mond und die Sterne;
am Himmel hast du sie gebildet,
klar und kostbar und schön.

Gelobt seist du, mein Herr,
durch Bruder Wind und durch Luft und Wolken
und heiteres und jegliches Wetter,
durch das du deinen Geschöpfen Unterhalt gibst.

Gelobt seist du, mein Herr,
durch Schwester Wasser,
gar nützlich ist es und demütig und kostbar und keusch.

Gelobt seist du, mein Herr,
durch Bruder Feuer,
durch das du die Nacht erleuchtest;
und schön ist es und fröhlich und kraftvoll und stark.

Gelobt seist du, mein Herr,
durch unsere Schwester, Mutter Erde,
die uns erhält und lenkt
und vielfältige Früchte hervorbringt
und bunte Blumen und Kräuter.

Gelobt seist du, mein Herr,
durch jene, die verzeihen um deiner Liebe willen
und Krankheit ertragen und Drangsal.
Selig jene, die solches ertragen in Frieden,
denn von dir, Höchster, werden sie gekrönt.

Gelobt seist du, mein Herr,
durch unsere Schwester, den leiblichen Tod;
ihm kann kein Mensch entrinnen.
Wehe jenen, die in tödlicher Sünde sterben.
Selig jene, die er findet in deinem heiligsten Willen,
denn der zweite Tod wird ihnen kein Leid antun.

Lobt und preist meinen Herrn
und dankt ihm und dient ihm in großer Demut.

(Franziskus-Quellen, 40 f)

Offener Brief an Papst Franziskus – Einberufung einer Versammlung zum Schutz des Lebens

Wir dokumentieren hier eine Initiative, die unter anderem Leonardo Boff vor Kurzem gestartet und die inzwischen viel Resonanz erfahren hat.

Lieber Papst Franziskus,

wir, die unterzeichneten Christinnen und Christen sowie Personen anderer Religionen und Menschen guten Willens, richten diesen offenen Brief an Sie mit einer ganz besonderen Petition. Wir möchten gern, dass Sie zu einem weltweiten Ereignis aufrufen, zu einer Art Versammlung zum Schutz des Lebens auf der Erde.

Das Leben ist heute tödlich verletzt: durch Hunger (900 Millionen Menschen weltweit), durch Durst (1,2 Milliarden Menschen mangelt es an täglichem sauberen Trinkwasser und 2,4 Milliarden Menschen haben keine elementaren sanitären Einrichtungen), durch Krieg, durch Zerstörung der Umwelt (Boden, Wasser, Artenvielfalt, Luft), und vor allem sind die Menschheit und alle Lebensarten durch den unglaublichen Klimawandel bedroht. Wie das Aparecida-Dokument[7] sagt, erleben wir nicht nur eine Epoche des Wandels, sondern einen Wandel der Epoche (Nr. 44). Eine am Konsum orientierte und raffgierige Gesellschaft wie die heutige kann der Menschheit als ganzer keine Zukunft bieten.

Als Gott die Welt schuf, vertraute Gott die Erde den Menschen an, „um sie zu bebauen und zu bewahren"

---

[7] In Aparecida (Brasilien) fand im Jahr 2007 die Fünfte Generalversammlung der Bischöfe Lateinamerikas und der Karibik statt (s. Literaturverzeichnis).

(Genesis 2,15). Nach der Flut, als Noach mit seiner Familie und all den Tieren die Arche verließ, schloss Gott mit ihnen einen ureigenen Bund mit den Worten: „Hiermit schließe ich meinen Bund mit euch und mit euren Nachkommen und mit allen Lebewesen bei euch, mit den Vögeln, dem Vieh und allen Tieren des Feldes, mit allen Tieren der Erde, die mit euch aus der Arche gekommen sind." (Genesis 9,9–10). Der Apostel Paulus sagt uns: „Auch die Schöpfung soll von der Sklaverei und Verlorenheit befreit werden zur Freiheit und Herrlichkeit der Kinder Gottes." Das heißt, Gott liebt alles von Gott Geschaffene und hat uns beauftragt, für diese göttliche Schöpfung Sorge zu tragen.

Die autochthonen und indigenen Völker sowie vor Kurzem auch die Wissenschaftler warnten uns, dass alle Lebensarten auf dem Antlitz der Erde in Gefahr sind. Noch gibt es keine Antwort von der politischen und ökonomischen Seite, die auf Augenhöhe mit der Herausforderung dieses historischen Augenblicks wäre. Wie Sie selbst sagten, können wir nicht einfach passiv die Globalisierung der Gleichgültigkeit hinnehmen.

Sie sind eine moralische und spirituelle Instanz und besitzen daher die Autorität der Menschheit gegenüber, zu dieser dringend notwendigen Debatte und zu den noch dringender notwendigen Schritten aufzurufen. Diese Petition ist unser Mittel, zur Effizienz Ihrer Gesten beizutragen, die uns aufrufen, für das bedrohte Leben zu sorgen und es zu beschützen. Sie brachten diese Gesten auf Ihrer Reise nach Lampedusa zum Ausdruck, während des Weltjugendtages in Brasilien, während Ihres Besuchs bei den Immigranten in Italien und durch das Fasten gegen den Krieg. Falls Sie zu einer Versammlung zum Schutz des Lebens in seiner Fülle aufrufen, so hören Sie nicht nur auf die Spezialisten, sondern auch auf die autochthonen

Völker, die durch die Zerstörung ihrer Umwelt in Mitleidenschaft gezogen wurden, und auf diejenigen, die vom Klimawandel betroffen sind und sich seinetwegen auf der Flucht befinden, auf die Opfer von Hunger und Durst. Ganz gewiss wird ein Großteil der Menschheit diesem Aufruf nachkommen.

Dies wünschen auch wir, die Unterzeichneten. Mit Respekt und einer geschwisterlichen Umarmung, im Geist des hl. Franz von Assisi, in Gemeinschaft mit allen Lebensarten und der ganzen Menschheit bekräftigen wir unsere Petition.

Brasilia/DF, 16. September 2013

Diejenigen, die diesen Brief unterzeichnen möchten, mögen bitte folgende E-Mail aufrufen: robertomalvezzi@oi.com.br, oder sie mögen direkt auf den Link von Avaaz gehen:

http://www.avaaz.org/po/petition/Convocacao_para_a_defesa_da_vida_na_Terra_Carta_Publica_ao_Papa_Francisco/?wjKSWdb

Literatur

Aparecida: Sekretariat der Deutschen Bischofskonferenz (Hg.), Aparecida 2007. Schlussdokument der 5. Generalversammlung des Episkopats Lateinamerikas und der Karibik (Stimmen der Weltkirche, 41), Bonn 2007.
Berger, Peter L., Auf den Spuren der Engel. Die moderne Gesellschaft und die Wiederentdeckung der Transzendenz, Frankfurt a. M. 1970.
Boff, Leonardo, Die Erde ist uns anvertraut. Eine ökologische Spiritualität, Kevelaer 2010.
Franziskus-Quellen. Die Schriften des heiligen Franziskus, Lebensbeschreibungen, Chroniken und Zeugnisse über ihn und seinen Orden, hrsg. von Dieter Berg und Leonhard Lehmann, Kevelaer 2009.
Guattari, Felix, Die drei Ökologien, Wien 2012.
Lumen Fidei, Enzyklika „Licht des Glaubens" von Papst Franziskus, Leipzig 2013.
Scheler, Max, Wesen und Formen der Sympathie, Bern 1973.
Susin, Luiz Carlos, Schwester Dorothy Stang. Ein Modell für Heiligkeit und Martyrium, in: Concilium 45/3 (August 2009), 361–366.
Toynbee, Arnold, Diario ABC, Madrid 1972.
Ludwig Wittgenstein, Schriften, Bd. 1, Frankfurt a. M. 1970.

Weitere Titel von Leonardo Boff bei Butzon & Bercker

Tugenden für eine bessere Welt
352 Seiten. Gebunden mit Schutzumschlag
ISBN 978-3-7666-1285-4

Die Erde ist uns anvertraut
Eine ökologische Spiritualität
255 Seiten. Gebunden mit Schutzumschlag
ISBN 978-3-7666-1355-4

Sehnsucht nach dem Unendlichen
Spirituell leben
131 Seiten. Gebunden mit Schutzumschlag
ISBN 978-3-7666-1478-0

BUTZON BERCKER
www.religioeses-sachbuch.de
www.bube.de